ミステリアス女優・
小松菜奈の
「カメレオン性」を探る

大川隆法
Ryuho Okawa

まえがき

まだ若いが、変幻自在《へんげんじざい》の魅力を醸《かも》し出す、ミステリアス女優・小松菜奈《こまつなな》。その神秘的な魅力の元《もと》を探りたくて、守護霊インタビューを試みてみた。

他の女優、俳優の守護霊インタビューと比較しても、「霊界描写《れいかいびょうしゃ》」が多いのが特徴的《とくちょうてき》だった。きっと本人も、この世的な人であるよりも、霊的な人なのだろう。「トランスフォーマー」の世界を女優として実演してみたいらしいことは腑《ふ》に落ちた。きっと男性にとっては、定義しづらい感じの、いい意味で「みんなの予想を裏切る」女優に成長していかれることだろう。

私の分析が当たっているかどうか。まだまだ長い二十代を彼女がどう乗り切っていくか見守っていきたい。

二〇一七年　八月二十二日

幸福《こうふく》の科学《かがく》グループ創始者兼総裁《そうししゃけんそうさい》

ニュースター・プロダクション（株）会長《かいちょう》 兼《けん》

アリ・プロダクション（株）会長《かいちょう》

大川隆法《おおかわりゅうほう》

ミステリアス女優・小松菜奈の
「カメレオン性」を探る
Contents

ミステリアス女優・小松菜奈《こまつなな》の「カメレオン性」を探《さぐ》る

二〇一七年六月三十日　収録
東京都・幸福の科学総合本部にて

「霊言現象《れいげんげんしょう》」とは、あの世の霊存在の言葉を語り下ろす現象のことをいう。これは高度な悟《さと》りを開いた者に特有のものであり、「霊媒現象《れいばいげんしょう》」（トランス状態になって意識を失い、霊が一方的にしゃべる現象）とは異なる。

また、人間の魂《たましい》は原則として６人のグループからなり、あの世に残っている「魂のきょうだい」の１人が守護霊《しゅごれい》を務めている。つまり、守護霊は、実は自分自身の魂の一部である。したがって、「守護霊の霊言」とは、いわば本人の潜在《せんざい》意識にアクセスしたものであり、その内容は、その人が潜在意識で考えていること（本心）と考えてよい。

なお、「霊言」は、あくまでも霊人《れいじん》の意見であり、幸福の科学グループとしての見解と矛盾《むじゅん》する内容を含《ふく》む場合がある点、付記しておきたい。

ミステリアス女優・小《こ》松《まつ》菜《な》奈《な》の「カメレオン性」を探《さぐ》る

2017年6月30日　収録
東京都・幸福の科学総合本部にて

Profile

小松菜奈《こまつなな》(1996〜)

女優・モデル。東京都出身。2008年、モデルとしてデビュー。2014年に映画「渇《かわ》き。」で長編映画デビューを飾《かざ》り、日本アカデミー賞新人俳優賞ほか数多くの賞を受賞する。以降、映画「近キョリ恋愛《れんあい》」「溺《おぼ》れるナイフ」「ぼくは明日《あす》、昨日《きのう》のきみとデートする」などの話題作に出演。2016年には、マーティン・スコセッシ監督《かんとく》の映画「沈黙《ちんもく》—サイレンス—」でハリウッドデビューを果たす。

Interviewer

質問者

竹内久顕《たけうちひさあき》(幸福の科学メディア文化事業局担当理事 兼《けん》 アリ・プロダクション〔株〕芸能統括専務取締役《とりしまりやく》)

駒沢《こまざわ》さゆり(幸福の科学メディア文化事業局ニュースター・プロダクション担当 兼 ニュースター・プロダクション〔株〕秘書部長)

なりたりな(アリ・プロダクション〔株〕所属タレント、幸福の科学メディア文化事業局在籍《ざいせき》)

＊質問順。役職は収録時点のもの

1 〝カメレオン女優〟小松《こまつ》菜奈《なな》の心の内を探《さぐ》る

三木《みき》孝浩《たかひろ》監督《かんとく》の作品で女優としての一線を越《こ》えた小松菜奈

大川隆法　今日（二〇一七年六月三十日）は小松《こまつ》菜奈《なな》さんが引っ掛《か》かってきており、気になっています。

まだ二十一歳《さい》と若いので、私が取り上げて本にして出すにしては早すぎるかもしれず、迷うあたりではあるのですが、この前の三木《みき》孝浩《たかひろ》監督《かんとく》の「ぼくは明《あ》日《す》、昨日《きのう》のきみとデートする」（二〇一六年公開）という、彼女が出演した映画を観《み》たあたりで、「一線を越《こ》え

ぼくは明日、昨日のきみとデートする
12.17

映画「ぼくは明日、昨日のきみとデートする」（2016 年公開／三木孝浩監督／東宝）

たかな」と感じました。「この一線を越えたら、もう元には戻《もど》らないといううか、下がらないあたりのレベルまで行ったのかな」と感じています。

二十一歳ぐらいの女優について私が語るのは、多少、こそばゆい感じはするのです。ただ、幸福の科学は、ニュースター・プロダクションとアリ・プロダクションという、二つの芸能プロダクションを持っており、若い「女優の卵」をたくさん抱《かか》えています。

「自分のところだけを宣伝して、ほかのところを無視する」ということも一つの手ではありますが、当会のプロダクションは、今のところ、まだ立ち上がり期にあるので、「人気が出てきている人などを幅広《はばひろ》く研究して、そのなかに、何か、まねたり学んだりできるものがあれば、できるだけそれを吸収していくほうが賢《かしこ》いのではないか」と私は思っています。

「内部のものだけを『よい』と言うのではなく、ほかのよいものについても研究していく。そのへんは、器《うつわ》を広くして、やっていくべきではないか」と思います。もし、（価値観において）〝逆のもの〟であったとしても、人気が出ているものに関しては、「これは、いったい何なのか」という目も要《い》るのではないかと思います。

〝女親分〟の女子高生を演じ、演技力が認められた映画「渇《かわ》き。」

大川隆法　今日取り上げる小松菜奈さんはモデル出身で、（小松菜奈の写真集を掲《かか》げて）このような感じの方です。美人と言えば美人ですし、かわいいと言えばかわいいのですが、「正統派美人女優」として押《お》していくには、まだライバルはかなり多いのではないかと思うので、「プラスアルファが何かあるはずだ」と感じています。

『小松菜奈 first photo book 18』（小松菜奈著／双葉社刊）

小松菜奈さん本人も、デビューしたときに、「モデルは話さなくてよいので、できるかもしれないけど、女優は無理だ」と言っていたようなので、女優としてはそれほど自信はなかったのではないかと思います。

最初に短編映画に二つぐらい出たあと、二〇一四年に中島哲也《なかしまてつや》監督の「渇《かわ》き。」という映画に出ました。

この映画では、役所広司《やくしょこうじ》さんが主演で、その娘《むすめ》である加奈子《かなこ》の役で出ているのですが、これは少し問題のある作品ではあります。「〝グロすぎる〟ので、先生には観せられません」と言って秘書が抵抗《ていこう》し、DVDをなかなか私に出してくれなかった映画ではあるのですが、「〝グロく〟てもいいから、出しなさい」と言って出させました。

確かに、血は飛ぶわ、人は死ぬわ、薬物はやるわ、自殺はするわ、そう

映画「渇き。」（2014 年公開／中島哲也監督／ギャガ）

いう場面がたくさん出てきて、九十九パーセント、地獄《じごく》を描《えが》いているので、〝グロい〟と言えば〝グロい〟のです。

私としては、監督や製作総指揮をしたくない作品ではあるのですが、「そのなかで、小松さんの役も同じぐらい〝グロい〟のかな」と思ったら、そうではなく、自分自身は人を殺したり薬物をやったりするわけではありませんでした。しかし、にこやかに笑いながら、実は陰《かげ》で糸を引いている、女子高生なのに〝女親分〟のような存在でした。

役所広司さんは元刑事《けいじ》の役ですが、刑事をやっていたころは、忙《いそが》しくて娘のことを見ていませんでした。そのうちに、娘は、裏で不良少年や犯罪組織につながるかたちになっていたのです。小松さんが演じたのは、そういう感じの役柄《やくがら》であり、ミステリアスな登場の仕方ではありました。

この作品で彼女は新人賞をもらったようです（注。第38回日本アカデミー賞新人俳優賞や第69回毎日映画コンクール・スポニチグランプリ新人賞などを受賞した)。

この作品自体については何とも言えないものがあり、この段階では、まだ、小松さんについて、よいか悪いか、言いかねるものではあったかと思います。ただ、このあたりで演技力は認められたのではないかと思っています。

「無表情」と「かわいさ」の両方を出せるタイプ

大川隆法　同じ二〇一四年には映画「近キョリ恋愛《れんあい》」にも出ています。

この作品では、山下智久《やましたともひさ》さんが英語の先生を演じていて、小松菜奈さんは、高三ぐらいの女子高生の役で出ています。天才型女子高生なのですが、話すのが下《へ》手《た》で、言葉をうまく話せず、また、感情を表情に出せ

映画「近キョリ恋愛」(2014年公開／熊澤尚《くまざわなお》人《と》監督／東宝映像事業部)

ません。

成績は学年でトップですが、英語だけが少しできないので、英語の先生役の山下さんが個人指導をします。そうしているうちに、感情を表情に出さない天才型女子高生だったのに、少し羽目《はめ》を外していくようになるのです。

ほかの共演者に比べれば、山下さんは、比較《ひかく》的、共演相手としては面白《おもしろ》かったかなと思っています。このあたりで、小松菜奈さんについて、「わりに、かわいさを出せる感じの人なのだな。無表情なところと、かわいさと、両方を出せるタイプの人なのだ」ということがよく分かりました。

それから、二〇一五年には「バクマン。」に出ています。これには、佐藤《さとう》健《たける》さんと神木《かみき》隆之介《りゅうのすけ》さんが、マンガ家を目指す高校生の役で出ています（『俳優・佐藤健

映画「バクマン。」（2015 年公開／大根《おおね》仁《ひとし》監督／東宝）

の守護霊《しゅごれい》メッセージ「人生は戦いだ」』『孤独《こどく》な天才俳優か!? 神木隆之介の守護霊インタビュー』（共に幸福の科学出版刊）参照）。

この作品に小松さんは女子高生役で出ていました。少し神秘性のある役ではありましたが、まだ、存在感は十分にはなかったように思います。

また、この年には映画「予告犯」にも出ていました。二〇一六年には、映画「黒崎《くろさき》くんの言いなりになんてならない」に出ています。このあたりはマンガが原作なのですが、彼女の役は、〝黒悪魔《くろあくま》〟と言われている〝ドS〟の黒崎くんと、一生懸命《いっしょうけんめい》、ナイトのように仕えてくれる〝白王子〟と、この二人の板挟《いたばさ》みになる三角関係に陥《おちい》り、「どちらを取るか」というような感じのものです。

『孤独な天才俳優か!? 神木隆之介の守護霊インタビュー』（幸福の科学出版刊）

『俳優・佐藤健の守護霊メッセージ「人生は戦いだ」』（幸福の科学出版刊）

小松さん自身も、「こんな〝ドS〞、見たことがない」と言うほどでしたが（笑）、そちらを好きになる役なので、これは、ある意味で〝リトマス試験紙〞のような役だったかと思います。ただ、「内容は非現実的ではあったかな」と感じています。

自我《じが》の苦しみを描《えが》いた映画「溺《おぼ》れるナイフ」で初主演

大川隆法　小松さんが注目されたのは、おそらく、二〇一六年公開の映画「溺《おぼ》れるナイフ」ではないかと思います。

これで、彼女は初めて長編映画の主演をしたのではないかと思います。それは、「東京でモデルをしていた

映画「黒崎くんの言いなりになんてならない」（2016年公開／月川翔《つきかわしょう》監督／ショウゲート）

映画「溺れるナイフ」（2016年公開／山戸結希《やまとゆうき》監督／ギャガ）

けれども、失意のうちに父の故郷《こきょう》の和歌山（劇中では「浮雲町《うきぐもちょう》」）に移ってくる」という役でした。

相手役は、以前、テレビドラマ（テレビ朝日系で二〇一五年に放送された「民王《たみおう》」）で総理大臣の息子《むすこ》役をやった人（菅田将暉《すだまさき》）で、「魂《たましい》が入れ替《か》わる」という話を面白く演じていました。その彼が、頭を金髪《きんぱつ》に染め、何か変わった個性を発揮する同じ学校の生徒として出てきて、彼女と恋仲《こいなか》になるのです。「溺れるナイフ」のナイフは、おそらく、「自我《じが》」の象徴《しょうちょう》だと思うのですが、彼は〝オーラ〟を発散しながら生きているわけです。

この作品には、夏祭りも出てきたりして、伝統芸能の紹介《しょうかい》を兼《か》ねたようなところもあるのですが、その地に小松さん演じる元モデルが都会から来て、一時期いたけれども、やがて東京に戻っていきます。

これは地方出身者がよく経験していることなので、感じとしては分かります。カップルの片方が東京に出てきた場合、会わなくなっていき、すれ違《ちが》いが生じるのです。この作品の監督は若い女性監督だったと思うのですが、監督自身も、そういうところに共感する面があったのかと思います。

作品としては、好き嫌《きら》いが分かれる感じのものかと思います。私は、一回目に観たときには、あまり感心しなかったのですが、二回目に観たときには、「何とか理解できる」というぐらいの感じだったでしょうか。「若い女性監督の場合、感性においては、自我が苦しんでいる感じ、自己発揮に苦しんでいる感じに共感するのだろうなあ」と思い、そこのところは理解できました。

もっとも、小松菜奈さんが演じた女性が、なぜ、その金髪の男性、大地主《おおじぬし》の息子か何かを好きになるのか、よく分からない面はありました。「青春の迷い」のようなものでしょうか。

この映画には、海で溺れるようなところや火祭りのところなど、映像的には新鮮《しんせん》な感覚が多少ありました。「若い感覚かなあ」と思うのですが、「フランス映画のような感じで打ち出せば、ある程度、受けるようなものだったのではないか」という気はします。ただ、まだ成功作とは言えないように私は感じました。

小松さんは、最近のテレビドラマでは、「赤の章～警視庁庶務《しょむ》係ヒトミの事件簿《ぼ》」（ＮＨＫ総合で二〇一七年に放送）に出ています。

彼女の役は、詐欺師《さぎし》だったお父さんの娘で、警官にはなれないけれども、何とか警視庁に潜《もぐ》り込《こ》み、事務のほうで庶務係をしています。そして、刑事のまねごとをしたりしているのですが、同僚《どうりょう》の持ち物をスリ風にパッと盗《と》って情報を得たりもするのです。

そのような役をテレビドラマでやっていましたが、「独特の雰囲気《ふんいき》、特異な雰囲気が出ていたかな」と思います。面白い面が出ているところはありました。

三木作品をぐくると、「ダーティーな女優」も「聖女《せいじょ》」に変わる

大川隆法　それから、最近では、先ほど述べた、「ぼくは明日、昨日のきみとデートする」という、三木孝浩監督の作品に出ました。

これには原作があり、かなり原作に忠実に描《えが》いてあったように思うのですが、独特の〝三木マジック〟で、神秘性が非常に強く出ているので、「こんなにかわいい小松菜奈は見たことがない」というような作品に仕上がっていました。

彼女の役は、演技的には、かなり難しい役だったと思われます。ただ、内容を全部〝バラしたら〟怒《おこ》られるでしょう。この作品を観たい方もまだいるでしょうから、詳《くわ》しくは言いませんが、「時間が逆に流れている

世界」から来た少女との恋愛ものであり、「彼女の昨日」と「ぼくの明日」とが一緒《いっしょ》になるようなドラマなので、女性のほうに、そうとうな演技力が要ったと思うのです。

彼女の側から見ると、「彼の未来は自分の過去」という設定なので、かなり厳しい役柄だったと思います。

小松さん本人も、「これを演じられるか」ということで、そうとう苦しんだ作品のようです。「彼にとっては、初めて彼女と会った出会いの日が、実は、彼女にとっては、彼との最後のデートの日になる」という設定なので、初めて出会ったのに泣けるかという場面で彼女が泣くシーンがあって、そうとう苦しんだらしいのです。

京都には、叡電《えいでん》（叡山《えいざん》電車）という、私も昔よく乗っていた電車があるのですが、次の電車が来るまでの間に、泣く場面を撮影《さつえい》しなくてはいけなかったようです。

そのため、「目薬をさして、泣くまねをしてください」と言われたそうですが、彼女は、「女優の意地にかけて、目薬は使わない。泣いてみせる」と考えて頑張《がんば》ったということです。ところが、実際は、なかなか泣けず、そうとう苦労したようです。

ただ、苦労したかいがあってか、なかなか実感は出ています。私は、「この作品で彼女は一つのラインを越えたのではないか」と思っています。

今後も、小松さんは、二〇一八年に公開予定の「坂道のアポロン」という映画で、もう一回、三木監督の作品に出演するようです。彼女の場合、全体的にダークな役も多いのですが、「三木監督に気に入られたのだとしたら、少しよいほうに引っ張っていかれるのではないか」と感じています。

三木作品には、それをくぐると、「ダーティーな女優」でも「聖女《せいじょ》」に変わっていくような、不思議なところがあるので、三木監督は非常に〝変な方〟です。この方の映画は、（幸福の科学の祈願《きがん》である）「過去清算の秘法《ひほう》」のようなところがあり、この方の映画をくぐるとイメージが変わってしまうところがあります。

吉高由里子《よしたかゆりこ》さんも、最初のころには、「蛇《へび》にピアス」（二〇〇八年公開／ギャガ）という変てこりんな映画に出ましたが、「僕等《ぼくら》がいた」（二〇一二年公開／東宝、アスミック・エース）という三木作品に出てからは、もう少しピュアな役が普通《ふつう》であるようになっていきました。

三木監督には、そういう才能があるのではないかと考えています（『青春への扉《とびら》を開けよ　三木孝浩監督の青春魔術に迫《せま》る』〔幸福の科学出版刊〕参照）。

『青春への扉を開けよ　三木孝浩監督の青春魔術に迫る』（幸福の科学出版刊）

●「過去清算の秘法—特別灌頂《かんじょう》—」　幸福の科学の精舎で行われる秘法（宗教儀式）の一つ。仏の偉大なる「罪を許す力」によって、過去の罪を清算するための儀式。

映画「沈黙《ちんもく》―サイレンス―」でハリウッドデビュー

大川隆法　小松さんは、二〇一七年に日本で公開された、「沈黙《ちんもく》―サイレンス―」という外国映画にも出演しています（『映画「沈黙―サイレンス―」にみる「信仰《しんこう》と踏《ふ》み絵」』〔幸福の科学出版刊〕参照）。この作品で、彼女はハリウッド映画へのデビューを果たしました。

ただ、目を凝《こ》らして観たけれども、どこに小松菜奈さんが出ていたのか、なかなか分かりませんでした。簀《す》巻《ま》きにされて海に投げ込まれる村娘の役で、顔にそうとう泥《どろ》を塗《ぬ》ったりしていたようなので、「あれがそうだったかな?」と思う程度でした。そのため、彼女に関する記憶《きおく》が鮮明ではない作品ではありましたが、とりあえず、何かチャレ

映画「沈黙―サイレンス―」（マーティン・スコセッシ監督／2016年アメリカ公開、パラマウント映画／2017年日本公開、KADOKAWA）

ンジングなところはおありのようです。

それから、自分のことを「ポジティブだ」とおっしゃっているようです。傍目《はため》には、いろいろに見えるのですが、「ポジティブだ」と理解しているようです。

また、同じくモデル出身で、同じ事務所にいる新木優子《あらきゆうこ》さんと親友だとのことです。

若手女優では千眼美子《せんげんよしこ》の最大のライバルか

大川隆法　前置きとしては、そのようなところですが、直観的に見ると、やや、「危ない女」というイメージがないことはないので（笑）、私にとっては、個人的に会えば少し怖《こわ》いタイプの女性ではあるのです。

守護霊のほうについては調べていないので、（彼女の守護霊と接触《せっしょく》するのは）今日が本当に初めてです。どうなるか、分かりません。「霊的ポジション」というか、「位置づけ」がどのくらいかは分からないのですが、今日、それが分かるかもしれません。

それは別として、「この世の芸能界における女優の演技」という面に絞《しぼ》って見るとすると、「千眼美子《せんげんよしこ》（本名・清水富美加《しみずふみか》。幸福の科学メディア文化事業局部長 兼《けん》 アリ・プロダクション〔株〕部長 兼 アリ・プロダクション〔株〕所属タレント）さんの最大のライバルは、小松菜奈さんぐらいではないかな」というのが私の感想です。イメージ的には、「（千眼さんと）同じような役に投入できるだろう」と思われる人は、この人ではないかと思うのです。

今話しているのは若手女優のことですが、二十五歳以下ぐらいの層を見ると、「演技のうまさ」というか、「不思議さ」という意味では、千眼さんに匹《ひっ》敵《てき》するのは、この人ぐらいではないでしょうか。ほかの人の演技は、それほどうまくありません。

千眼さんは、これから悪女役はできないので、こちら（小松菜奈）のほうが、芸能の幅はやや広いかもしれません。

今日、小松さんの〝正体をバラせる〟ところまで行くかどうかは分かりませんが、迫ってみたいと思います。あるいは、本当に魔女のような人かもしれません。神木隆之介さんを調べる前の感触に少し似たものを、私は得てはいます（前掲《ぜんけい》『孤独な天才俳優か!? 神木隆之介の守護霊インタビュー』参照）。

（質問者に対して）うまく鱗《うろこ》を剝《は》がしながら、「何者か」を調べていただければと思います。

ミステリアス女優・小松菜奈の守護霊を招霊《しょうれい》する

大川隆法　では、ミステリアスな女優として有名で、〝カメレオン女優〟などと自分でも言っておられる、小松菜奈さんの守護霊の霊言《れいげん》を録《と》りたいと思います。

（合掌《がっしょう》して）小松菜奈さんの守護霊よ。

女優・小松菜奈さんの守護霊よ。

どうか、幸福の科学総合本部に降臨し、われらに、その心の内をお明かしください。

女優・小松菜奈さんの守護霊よ。

女優・小松菜奈さんの守護霊よ。

どうか、幸福の科学総合本部に降りたまいて、われらに、その心の内を明かしたまえ。

（約十秒間の沈黙）

2　自分はもともと「形がないもの」

『カメレオン性』という言葉は、いい意味で使ってくださいね」

竹内　こんにちは。

小松菜奈守護霊　あ、こんにちは。

竹内　小松菜奈さんの守護霊様でいらっしゃいますでしょうか。

小松菜奈守護霊　そうです。

竹内　どうも、初めまして。

小松菜奈守護霊　はい。

竹内　本日は、「カメレオン性」ということを題材に持ちながら、小松菜奈さんの守護霊様に、いろいろと伺《うかが》っていきたいと思いますので、よろしくお願いします。

小松菜奈守護霊　うーん、いい意味で使ってくださいね？

竹内　もちろん、「いい意味で」です。やはり、女優にとって「カメレオン」

映画「沈黙ーサイレンスー」の初日舞台挨拶に登壇した女優の小松菜奈。

というのは、いろいろな役ができるという意味だと思いますので。

小松菜奈守護霊　私もそういうふうに理解しているので。

竹内　はい。決して「姿形《すがたかたち》が」とか、そういうことではないので（笑）。

小松菜奈守護霊　エヘヘッ（笑）。姿形は、そんなに美しくないかもしれない。

竹内　いや、お美しい方だと思います。

冒頭《ぼうとう》の大川隆法総裁のご解説でもありましたが、小松さんと言えば、モデルとしてデビューされ、映画「渇《かわ》き。」で日本アカデミー賞新人俳優賞を受賞されたあとは、順当にいろいろな映画に出演してこられました。さまざまな役を演じるなかで、ダークな役にしても清純な役にしても、毎回、小松さん独特の雰囲気《ふんいき》があるなと思っています。

そこで、はじめに、小松菜奈さんの考えられている演技観について、少しお話を伺えるとありがたいです。

小松菜奈守護霊　うん、うん。難しいところから来ますね。

竹内　ええ。少し本道《ほんどう》のところから入りながら……。

小松菜奈守護霊　芸能事務所の面接か何かじゃないですか？

竹内　いえいえ（笑）。

小松菜奈守護霊　ウフフフ（笑）。

竹内　小松さんのほうがプロなので、むしろお教えいただきたいと……。

小松菜奈守護霊　あ、プロなのかしら？　あたし。そうなのかな？

竹内　いや、もう一流の方だと思います。

小松菜奈守護霊　あ、そうですか。いや、もう、ついこの前、出たばっかりですので。もう本当に、モデルで終わってもよかったぐらいなんですけど、なんでか……。

うーん、きっとねえ、目が離《はな》れすぎているのが面白《おもしろ》かったんでしょうね。

竹内　うーん（笑）。

小松菜奈守護霊　これで目立っちゃった。

「モデル出身の女優」は一つの売り出しコース

竹内　そもそも、なぜ、モデルから女優方面に行こうと思ったのですか。

小松菜奈守護霊　どうなんでしょうかね。まあ、でも、今、一つのコースなんじゃないですかね。まずは外見で審査《しんさ》して、モデルに出せる程度のレベルの人が選ばれて、出しているうちに人気が出るかどうかを見て。人気が出てきたら、じゃあ、もうちょっと事務所のほうでマーケティングしたいっていう感じで、売り出していこうとするあたりですかね。

その〝売り出しの作戦〟は、いろいろあるんだとは思うんですけども、私なんかはちょっと、何て言うか、今、「アンニュイ女優」とも言われてるんですけど、何か気《け》だるい感じの、力《りき》が入らないで生きていけるような感じの面があるから（笑）。

そのアンニュイで、本質がつかみにくい感じの、「この人はどんな人なんだろう？」みたいな感じのところあたりが、売り込《こ》みのポイントかなと思って、たぶん、売り出してくださってるんじゃないかなあというふうには思います。

「みんなの期待を、ちょっとだけ裏切る」

竹内　ちょっと言葉では表しにくいのですが、小松さんはモデルのときにも、独特の不思議な、ミステリアスな雰囲気がありましたし、女優のほうにグーッとウエイトを移していくときも、そこを前面に出しているような感じがしたのですけれども。

小松菜奈守護霊　うーん。さっき、ご紹介《しょうかい》のなかに、少しチラッと入っていたような気もするんですけども。どういうふうに解釈《かいしゃく》していいかは分からないですが、「正統派美人女優で押《お》していくには、ちょっと足りない」っていうか、「モデルでも女優でも、正統派の美人系だけで押していくには、ちょっと厳しい面はあったのかな」と。

自分でも、そうだろうとは思っているので。ほかにも、きれいな方はたくさんいらっしゃいますので、やっぱり、ちょっと何か他人《ひと》と違《ちが》う面がないと、激しい競争のなかで抜《ぬ》け出していくのは難しいのかなと思ってます。

うーん、私の場合は、「みんなの期待を、ちょっとだけ裏切る」っていうような感じのところかなあ。

だから、正統派女優は、何て言うか、テニスで言えば、普通《ふつう》に打てば普通に返ってくるような、まあ、ストロークをやっているうちに勝ち負けが決まるようなところはあると思うんですけども、私の場合は、最初からどんな球《たま》が返ってくるか分からないようなところがあるっていうかな。そういう、「予測不可能性」というか、「いい意味で、やや期待を裏切ることに、ちょっと工夫《くふう》をしていた」っていうところがあるかもしれませんね。

小松菜奈をあえて「純情恋愛《れんあい》路線」に投入した三木《みき》監督《かんとく》の試み

竹内　今、おっしゃったところについて、具体的にお訊《き》きしたいのですけれども、例えば、映画「ぼくは明日《あす》、昨日《きのう》のきみとデートする」の役を演じたときには、どういったところが期待を裏切り、どういったところが期待どおりだったのでしょうか。

小松菜奈守護霊　いやあ（笑）。あれはある意味において、「小松菜奈にあんな演技ができるわけがない」というところで、期待を裏切ったっていうところはあります。

竹内　（笑）そうですか。

小松菜奈守護霊　あれは、純情派の、純愛ドラマとも見えるようなもので。

竹内　そうですね。はい。

小松菜奈守護霊　私なんかをストレートに使いたければ、ずばり、「悪女役」で使うと面白みが出せるはずだけど、それをあえて、京都の〝純情恋《れん》愛《あい》〟路線で投入したっていうあたりですね。

監督《かんとく》が抑《おさ》え込めるかっていう感じのですね、「ナマズを鯉《こい》に変えてみせる」っていう。鮒《ふな》じゃなくて鯉ですね、錦鯉《にしき》に。ナマズを錦鯉に見せて鴨川《かもがわ》を泳がせるっていう、そういう技術ですよね、監督のほうから見ればね。こちらはナマズでも、鯉に化《ば》けてみせるっていうところかなあ？　そういうところを見せなきゃいけなかったんで。

相手の方もですね、あんまり清純派としては……、福士蒼汰《ふくしそうた》さんですね。

竹内　はい。

小松菜奈守護霊　清純派というよりは、プレイボーイをやったほうが引き立つタイプの方ではあるんですが、あの方を清純派にも見せなければいけないっていうところもあって、両者、ある意味での難しいものを背負ってはいたんですが。

福士蒼汰さんも、いろんなものに出て、恋愛ものをやってますからね。そんなにウブで純粋《じゅんすい》なっていう役ができるかっていう、ある意味での難しさはおありだったと思うんですが、両者とも〝猫《ねこ》をかぶって〟頑張《がんば》るっていうところですね。

そして、あなたがたみたいな目利《めき》きの人たちの目をごまかすと言ったら、あれですけども、そういう人あたりにでも、作品として出来がいいように見せるっていうところは、なかなか厳しい演技が要《い》ったと思いますね。

映画「渇《かわ》き。」や「溺《おぼ》れるナイフ」で演じた激しいシーン

竹内　でも、ある意味で、例えば、先ほども出ました「渇《かわ》き。」でも、ここではちょっと表現しづらいような激しいシーンが……。

小松菜奈守護霊　私はやってないからね？

竹内　ああ、そうですよね。ええ（笑）。

小松菜奈守護霊　私は、「裏でやってる悪いやつ」っていうことですけども。

竹内　ええ。初めて長編映画に出たなかで、いきなり、かなりの回数のキスシーンがあったと思います。

小松菜奈守護霊　「出演者の半分ぐらいとキスした」とか言われてはいる、あれですけどねえ。

竹内　そうですよね。また、「溺《おぼ》れるナイフ」でも、襲《おそ》われるシーンなどがありますし、女性としてはけっこう激しいものを入れ込んでいくなと思ったのですけれども。

小松菜奈守護霊　でも、あの映画では、もう本当に襲われて、最後まで行ったか行かないか、分からない程度で止《と》めてくださってるものではありますよね（笑）。

竹内　まあ、そうですけれども。はい（笑）。

小松菜奈守護霊　「まだ、そこまで行っちゃいけないかな」という面もあったりして、微妙《びみょう》なところで止まってはいるんですけど。

何でしょうか。こう、好きな彼女？　暴漢というか、今も乃木坂《のぎざか》か欅坂《けやきざか》か、そういうアイドルグループが狙《ねら》われたりするような事件が多発してますけど。そういうような人が出てくるじゃないですか、モデルとかでもね？

それで、そういうのに狙われて、襲われるときに、好きだった男性が自分を護《まも》ってくれるかどうかで、護れなかったときの悔《くや》しさみたいなのですかね。そのへんと、彼の自暴自棄《じぼうじき》とはつながってると思うんですけど、たぶん、そのへんを描《えが》いたつもりだとは思うんですけどね。

原作者、監督《かんとく》、他の共演者にも分からない「隠《かく》し味」を出す

竹内　小松さんは、そういった激しい演技をするかと思いきや、今度は清純派に行ったりもしていますが、ただ、やはり一貫《いっかん》して、小松さん独特の不思議なミステリアス感があります。

ダークなものを演じていても、清純さを演じていても、普通の清純さではないところが、ある意味、先ほどおっしゃっていた、「みんなの予想を裏切る」ところに当たると思うのですが、この雰囲気は、どういうところから出

てくるものなのでしょうか。これは、やはり、小松さんの独特の個性の部分だと思うのですが。

小松菜奈守護霊 うーん……、うーん……。まあ、この世界は厳しいので、正当な競争で、堂々と実力派で勝ち進んでいけるっていうのは、ちょっと……。

今の将棋《しょうぎ》の藤井《ふじい》（聡太《そうた》）四段みたいな感じで、「公式戦で連勝を重ねて」みたいな感じには、実際はなかなかなりません。そういうふうにはならないので、人がやりたがらないような役とか、「普通なら、これはちょっとね」っていうようなもののなかで、キラッと光ってみせないと、注目を受けないところがあるんですよね。

その意味で、やっぱり、チャレンジングに見せなきゃいけないし、自分でもそう思わなきゃいけないところはあるんですが。

「普通は、これはやりたくないよね」っていうような役のなかで、予想外のキラッとしたものが光るというか、川の底をさらったら、普通は「石」しか出てこないものが、「ダイヤモンドの欠片《かけら》」が入っていたみたいな感じの、キラッとするところを見せて、監督《かんとく》とか映画関係者を少し驚《おどろ》かせたり、観客もちょっと驚かせたりするようなところを、いつも求め続けています。いつも、一作一作のなかに、何かそういうものをつくろうと考えています。

私は、ドラマもあるけど、どちらかといえば映画派のほうなので、映画のほうが好きなんですね。やっぱり、映画のほうが、あとあと残るものが多くて。努力して自分が出した、そのキラッとしたものが、あとあと長く残るので、どっちかといえば、映画のほうを重視してるんですけども。

だから、その「隠《かく》し味」のところですよね？　料理人で言えば。

原作者にも、監督にも、他の共演者にも分からない「隠し味」のところを、どうやって出すかっていうことは、いつも考えてはいますけど。ただ、考えているだけでなくって、何か本能的に出てしまう場合もあるんですよね。

そういう予想を裏切るところが、なんでか知らないけど、自然に出てしまうところはあるんですよねえ。

「粘土《ねんど》みたいに、いつでも元に戻《もど》り、また変わっていける」

竹内　例えば、俳優さんですと、役づくりの根本《こんぽん》は台本にあると思うのです。台本に書いてある何気《なにげ》ない台詞《せりふ》の一行のなかにある、そのキャラクターの人生観であるとか、「どういった時系列のなかでこの台詞を言ったのか」とか、あるいは、「この人はなぜこういう行動をするのか」といった背景を自分でイメージして、役づくりをしていくものだと考えています。

小松さんにとって、「一個一個の役づくり」というものと、今言った「ご自身のキラッとするもの」というのはつながると思うのですが、台本の読み方から、どのようにこういうものを見いだしていくのでしょうか。

小松菜奈守護霊　うーん、本来は……、何て言うかなあ、ポーカーフェイスみたいなのが自然体なんですよね。ポーカーフェイスで、無表情が自然体なんです。だから、台本や監督の指示等で、「こういう役」という形ができてくる。

無表情っていうのは、ある意味では、まだこねていない粘土《ねんど》みたいなもので、そういう形で自分はあるので、これから形をつくっていくということです。

「自分は粘土みたいに、いつでも元に、素《す》の状態に戻《もど》って、また違う形に変わっていける存在だ」というふうな、そんな感じで自己イメージはしているんですよ。

だけど、ある意味で、自分の形をつくって、それを売り続ける方もいらっしゃるので。うーん、そういう意味では、二十一で、年齢《ねんれい》的にはもう少し〝化けられる〟余地があるのかなあとは思うんですけども、「小松菜奈というのはこういう女優なんだ」って決めつけられる期間をできるだけ延ばして、その間《かん》、いろんな役に挑戦《ちょうせん》してみたいなとは思ってます。

だから、その意味で、うーん……、まあ、私は、千眼美子《せんげんよしこ》さんみたいな天才じゃないので、とてもああいうふうにはなれないんですけども。でも、なるべく、自分自身はもともと「形なきもの」だとイメージして、その形なきものを、「何かの形に入《はい》れ」と言えば、その形に自分をドロドロッと流し込んで、「形をつくってしまう」ような感じかなあ。

できるだけ、そういうふうな自分であり続けようと、今は努力しているところです。ほかの人が自分に何を期待して、どういうふうになってほしいのか、まあ、いろいろ演じ分けていくなかに、自分の「芸の幅《はば》」と「お客さんの求めているもの」あたりを探《さぐ》っていきたいかなというところですね。

本当はね、隠すほどのものは何もないんだけども、〝何かありそう〟に見せるのが、ある意味で、女性としての本能じゃないですか。（女性の質問者二人に）ねっ？　そうでしょう？　そうでしょう？　もう、隠すものなんか何もないですよ、ね？　本当はね。

でも、隠すものは何もないんだけど、〝あるかのように見せる〟ことで、魅《み》力《りょく》を増すというのが女性じゃないですか。そういうところがあるから、あくまでも、隠すべきものが何かあるかのように演じ切りたいなあと思って。

いちばん恐《おそ》れているのは、「賞味期限が来た」みたいな感じ？　今、年に五本も六本も出たりしているので、「ああ、もう飽《あ》きちゃった」みたいな感じで言われるのがいちばん怖《こわ》いことなんです。

「飽きちゃった」と言わせないように、変化しつつ全身は見せないっていうか、全部の姿は見せないで、まだ余地が残っているようにするっていうのかな。そういうのに非常に気を遣《つか》ってます。

3　役者同士で「催眠術《さいみんじゅつ》のかけ合い」みたいな

イメージトレーニングの源《みなもと》は「ホラー映画」

竹内　小松さんのインタビューをいろいろと観《み》ていると、やはり、役に対する情熱がすごく強いのを感じるのですが、役柄《やくがら》が見えた瞬間《しゅんかん》といいますか、ご自身として役を演じるときに、「この役が自分なりに見えた」、「自分のものになった」という瞬間は、あるのでしょうか。

小松菜奈守護霊　ああー……。

竹内　というのも、映画「渇《かわ》き。」でもそうなのですが、演じられた「加奈《かな》子《こ》」という役柄がなかなか出せず、監督《かんとく》に何度も怒《おこ》られて、現場で泣いてしまったとき、共演者である役所広司《やくしょこうじ》さんから、「もっと心に余裕《よゆう》を持って『加奈子』を演じたらいい」と言われて、リラックスできたという話も聞いたことがあります。

この「役が見えるとき」というのは、どういう感じなのでしょうか。

小松菜奈守護霊　いやあ、それは、放送はされませんけどね、「下手《へた》くそ!」とかいうのも、もう、何回も言われてる……（笑）。

竹内　はい。

小松菜奈守護霊　まあ、悔《くや》しいですよね。「下手くそ」って言われて、悔しくない女優はいないと思うけども、「下手くそ」っていうのはずいぶん言われていますます。

私ねえ、「ホラー映画」とか、一生懸命《いっしょうけんめい》観てるんですよ。

普通《ふつう》はみんな嫌《いや》がるんですけど、やっぱり、ホラーっていうのは、〝変身の最大〟のようなものがあるじゃないですか。やってるのは普通の人間というか、役者がやってるんだけど、ホラーまで行くと、けっこう極端《きょくたん》なところまでやりますよね。あまりいいほうじゃないかもしれないけども、表現できる形態としては、人間性の極限まで行きますので。

ホラーを数多く観て、何て言うか、「ああ、ここまでの演技はできるかな」っていうようなことをいつも思っていると、普通の演技は、それよりもずっと当たり前の人間の表情とか行動で構わないので、楽な感じがするっていうのかな。

極端な、ギリギリのところまで演じられるだろうかっていうイメージトレーニングをしているので、それからいくと、与《あた》えられた役をやっても、「あそこまで極端じゃないな」という感じで済むんです。

「悪女っていったって、そんなに、幽霊《ゆうれい》にまでなっていないところで済むぐらいな悪女でいい」とかね。「男を魅惑《みわく》するといっても、破滅《はめつ》させるところまでやらなくていいレベル」とかで止まっていますから。その意味で、イメージトレーニングが大きいかな。イメージトレーニングをやってるので。

モデルも、もともとそうじゃないですか。見られるのが仕事だから、「人からどう見えるか」であって。「自分がどう見せるか」だけでなくて、「人からどう見えるか」っていう、そのイメージングができるかどうかというところですよね？

そのイメージングができない人は、たぶん、モデルとしても、あんまり才能がない方なんだと思うんですよ。自分が「こうしたらきれい」と思っているだけっていうのは、これは普通の美人のレベルですね。

モデルになると、自分がきれいだと思って、人もきれいだと言ってくれて、それで満足するんじゃ駄目《だめ》で、自分じゃない「非現実の自分」を、周りの人に美しく見せる技術が要《い》ると思うんですよね。そのへんで、何て言うか、「演出」と、「用意された服装」とのコラボのなかで、人に何を見せるかっていうところですね。その幻想《げんそう》のなかで見せている自分が、みんなが信じている自分なので、このなかに没入《ぼつにゅう》しなきゃいけないんだなあっていう感じはあります。

役への没入感《ぼつにゅう》とは一種の「自己暗示」

竹内　今、「没入《ぼつにゅう》」という言葉があったと思うんですけれども、この「没入感」というのは、どんな感じなのでしょうか。

小松菜奈守護霊　うーん、没入感は何かって、もう、「自己暗示」ですね。

竹内　「自己暗示」ですか。

小松菜奈守護霊　最終は自己暗示なんで、自分に自分で催眠術《さいみんじゅつ》をかけているような感じは、やっぱりあります。

だから、役づくりもそうですけどね。「この役」っていうのを、台本も繰《く》り返し読んで、周りの人との関係を、いちおう考えます。ほかの人とは、どんな人間関係でなければいけないのかと。

その相手との人間関係のなかと、あと、監督の構想とかもありますので、それを考えた上で、「ここはこういうふうになるべきだろうなあ」みたいな、こういうイメージをつくるのに、やっぱり、自己暗示というか、自己催眠をかけないと、そうならないですよね。

竹内　はい。

小松菜奈守護霊　例えば、（映画「ぼくは明日《あす》、昨日《きのう》のきみとデートする」の冒頭《ぼうとう》シーンで）叡電《えいでん》の、次の電車が（駅のホームに）入ってくるまでの間に泣かなきゃいけないっていうのに、なかなか泣けない。もうすぐ入ってくるギリギリになって、やっと泣けるっていうようなこともあるわけで。「どうやってその気持ちになり切るか」みたいなのは、やっぱり、ある意味で「催眠」だと思うんですよね。
だから、女優さんたちも、みんなそういう能力をお持ちだと思うんだけど、「自己催眠して、そういうふうになり切ろうとする」っていうところかなあ。

竹内　ありがとうございます。

自分を違《ちが》うように相手に見せる「術のかけ合い」

駒沢　今、催眠術というふうに聞いたんですけれども、小松菜奈さんの演技を観ていると、心が動かされることがけっこうあります。演技を観ていると、催眠にかかったわけではないのですが、何だか〝怖《こわ》い〟という感情になってしまったりとか（笑）。

小松菜奈守護霊　怖い？　うーん……。

駒沢　あとは、きれいな映像だったりすると、「ああ、本当にきれいだなあ」と思います。

やはり、自分に催眠をかけるだけではなくて、もしかしたら、視聴者《しちょうしゃ》に対しても、そういう術をかけるようなお力をお持ちなのかなというふうに思ったのですが、そのあたりのところはどうでしょうか。

小松菜奈守護霊　それはそうかもしれません。まあ、お互《たが》いですけども。男性の役者さんも、そういうところはおありですから。みんな、けっこう役になり切っておられるので、自己催眠をある程度かけて……。だから、刑《けい》事《じ》の役でも暴力団の役でも、どっちにでもなるんでしょうから。正反対の役にもなり切るし、殿様《とのさま》にもなれば農民にもなるっていう、この落差を演じてます。

やっぱり、「落差の大きい人ほど演技がうまい」というふうには言われるので。

いつも同じような将軍様しかできないっていうのも、まあ、それなりにすごいんですけど。主役としては、それでずーっと何十年もやれるような人もいらっしゃるけども、例えば、水戸黄門《みとこうもん》なら水戸黄門の役をやって、これしかできないようになってしまうと、あとが苦しいですよね？　だから、そのへんのところはある。

まあ、役者同士で一緒《いっしょ》にやりながら、「術のかけ合い」みたいなところは、ちょっとあるかな。「催眠術のかけ合い」みたいな、自分を本当の自分じゃないように、相手に見せないといけないわけだし、恋愛《れんあい》役をする場合は、お互いに本当の恋人《こいびと》だと思ってやらないといけませんからね。

そのへんは五十歩百歩で、みんな、ある程度似てるところはあるのかな。で、効き目がどの程度あるかは、それはもう、「結果で勝負」としか言いようがない。

（駒沢に）あなたなんかは、すごい催眠術をお持ちのような感じがして、私、なんかクラクラくるようなものがあるんですけど。

駒沢　（笑）とんでもないです。

小松菜奈守護霊　けっこう、この人、何か持ってますねえ。

駒沢　持ってないです（笑）。

竹内　術の種類は近い系統なんですか。

小松菜奈守護霊　術の種類？　うーん、やや違《ちが》うかもしれないんだけど、この人、何か〝闇《やみ》の魔術《まじゅつ》〟を持ってる、きっと。

駒沢　（苦笑）

竹内　闇の魔術……（笑）。

小松菜奈守護霊　〝闇の魔術〟を持ってると思う。男は気をつけたほうがいいと思う。この方に近寄ると、やられる可能性があるから。

竹内　催眠をかける……。

小松菜奈守護霊　スッと針に引っ掛《か》けられるような感じで、キュッと〝釣《つ》り針〟に引っ掛かっちゃうかもしれない。気をつけたほうがいい。

竹内　こちらは、たぶん日本神道《しんとう》的な術だと思うんですが。

小松菜奈守護霊　いやあ、そんなことない。日本神道だけではない。〝仮《か》面《めん》〟がたくさんおありのような感じの方ですね。

のめり込《こ》んだ役から〝精神異常〟を起こす前に抜《ぬ》け出すには

竹内　小松さんは、どういう系統の術を使うんですか。

小松菜奈守護霊　いや、私は作品ごとでいちおう完結していますので。そんなに長くは引っ張らないように、役が変われば、全然違う役に、なるべく早く移行できるようにやるので、〝あっさり〟してるんですよ。

まあ、釣り針で言えば、「返し」が付いている針だと、魚が釣れても抜《ぬ》けないじゃないですか。なかなか抜けないんだけど、釣り堀《ぼり》の魚なんかを釣るときは、「返し」が付いていなくて、すぐに外れて、傷が少なくて済むような釣り針を使うじゃないですか。

私の場合は、「返し」が付いてない釣り針みたいなので相手の役者を〝釣る〟わけですけども、恋愛とかでやれば、釣って恋人にしてしまっても、それを生きたままリリース（解放）して放せば、次の俳優を引っ掛けるときにはもう忘れている状態なので、あんまり引っ張らないんです。

だけど、人によっては、けっこうその役になる前から、すっごいすごみで役になり切って、終わったあとに抜けられないっていう人がいる。

だから、怪談《かいだん》ものその他、ホラーものなんかに出たら、しばらくそこから出てこれないっていう人、あるいは、本当に狂人《きょうじん》になってしまったり、廃人《はいじん》みたいになったりしてしまう人もいるっていうふうに聞いてるんだけれども、私の場合は、今のところ、入るのも早いけど、抜け出すのもわりに早いので。

「渇き。」みたいなものに出れば、あれで狂《くる》う人は出てくると思いますよ。あとの方はベテランが多かったから、そうとうの場数《ばかず》を踏《ふ》んでおられるので、あの映画に出ても狂わないで何とかもったんだと思いますけど、私みたいに新人で出たら、下手をすれば精神異常を起こす映画だと思いますね。

竹内　私も最近、映画「22年目の告白」（二〇一七年公開／ワーナー・ブラザース映画）でジャーナリスト役だった仲村《なかむら》トオルさんの演技を観ていて、「このあと、これが抜けないんじゃないかな」と感じたんですが……。

小松菜奈守護霊　人によっては、そういう人はいる。長ーく続く人ね。

竹内　小松さんの場合は、そういうものが続かないように、どうやって切っているんですか。

小松菜奈守護霊　だから、「カメレオン女優」って自分でも言ってるんですけど、そう言うことによって、自己暗示をかけ続けてるんですよね。「自分はカメレオンなんだ」と。「いる場所に応じて、いくらでもこの体の色を変えられるんだ」と。「色も変えて、形も多少変えてみせられるんだ」と言い続けることで、そうなろうと努力してるところがあるんですよね。

これに対して、吉永小百合《よしながさゆり》さんみたいに、「どこへ出ても吉永小百合」っていう人もいるじゃないですか。役のほうが本人に合わせなきゃいけないっていうか、本人に出てもらえるような役にしなければいけないような方もいらっしゃいますよね。

まあ、本当はそちらのほうが実力があるのかなあとは思うんですが。「役やシナリオのほうが自分のほうに向かって曲がり込《こ》んでくる」っていうか、アインシュタイン的に言えば、ブラックホールのようにグーッと時空間をねじ曲げて吸い込んでくるような役者さんっていうのは、一流も一流の「超《ちょう》一流」ですね。「この人に出ていただくんだったら、全部変えざるをえない」っていうか、もう、ストーリーから相方《あいかた》から音楽から、全部その人に合わせないといけないような人は、やっぱり、それなりにすごいんだとは思います。

でも、私はまだそんなに確立したものではありませんので、そこまでは行かないですね。

4 演技のタイプは、「犬型演技」と「猫型《ねこがた》演技」

両方の演技をトレーニングする

駒沢　今、私はニュースター・プロダクションというところで、タレントの養成を担当させていただいております。

小松菜奈守護霊　ああ、そうですか。

駒沢　そのなかで、十代、二十代の若いタレントたちが、感情を潰《つぶ》さずに、ストレートに感じたままを表現するというところが、とても大事になってくるのではないかなと思っています。

小松菜奈守護霊　うん、うん、うん。

駒沢　その若いときの純粋《じゅんすい》な感情を殺さずに、まっすぐに伸《の》ばしていけるようにするためには、どうすればよいでしょうか。

小松菜奈さんの演技を観《み》ていると、すごく純粋にまっすぐに伸びてきたのかなというふうに思うのですが、自分なりに感情をストレートに出す演技を、どういうふうに演じてこられたのでしょうか。

小松菜奈守護霊　そうかなあ……。うーん。自己イメージは少し違《ちが》うんですけどね。

ご主人を見て、まっすぐパーッと走ってくるっていうのは、「犬」ですよね？　犬はまっすぐに走ってきますけど、「猫《ねこ》」は必ずしもそうはならないですよね（笑）。猫は勝手なことをしてて、まあ、機嫌《きげん》によってコロコロ変わっていくところがあると思うんですけども。どっちかというと、そんなまっすぐに、いつも全部やってる気持ちはないんですよね。

だから、（私の自己イメージは）ちょっと大きめではあるけども、猫なんですよね。気持ちは猫のほうで、〝気まぐれ〟であるように見せたいのが本当で、〝まっすぐ〟に見えているんなら、演技力がまだ不足しているんだと思っています。

駒沢　いえいえ。

小松菜奈守護霊　まっすぐに見えて、犬みたいに見えているのなら、まだ演技力が不足してて。実は、私は猫の「曲線的な動き」を考えているので。

おたく様の女優さんがどんなふうにやってるかは、ちょっとよく存じ上げないんですが、骨を投げればまっすぐ走る犬みたいな役を一生懸命《いっしょうけんめい》に練習しても、猫型の動きはできないのが普通《ふつう》です。

イメージトレーニングとしては、まあ、犬っていうのは、尻尾《しっぽ》を振《ふ》って、忠実で、善良でっていう感じの、フレンドリーという役づくりはできると思うんですよ、「犬イメージ」では。

だけど、「猫イメージ」は、かわいいのから陰湿《いんしつ》なのまで数多くありますので、体をやや猫の動きに近づけるっていうか、そういうイメージを持ったほうがいいんじゃないでしょうか。

犬型だと、とっても分かりやすいんだけど、十分ではなくて。猫型だと、変《へん》幻自在《げんじざい》さが出てくるので、どちらかというと、「犬型演技」と「猫型演技」の両方を、練習し分けたほうがいいんじゃないでしょうかね。

まっすぐな役もあると思うので、それはそれで、一本筋《すじ》の通った、まっすぐした演技をやられたらいいと思うんですけど、全部それでは、たぶん通らない、というか、自分が求めているような役はたぶん来ない。

猫型の、気まぐれで、気分屋で、すごく人懐《なつ》っこく、じゃれてかわいい場合もあるけども、機嫌が悪いと引っ掻《か》いたり、逃《に》げたり、言うことをきかなかったり、ときどき小悪魔《こあくま》みたいに見えたりするような猫かなあ。そんなイメージもトレーニングなされたほうがいいんじゃないでしょうかね。

芸能界で「選ばれる人」になるために必要な幾《いく》つかの技術

駒沢　その適性であったりとか、「この人は犬型のほうがいい」、「この人は猫型のほうがいい」というのは、何か見極《みきわ》め方があるのでしょうか。

小松菜奈守護霊　いやあ、それは難しいことですねえ。本当に篩《ふるい》にかけられていくので。

毎年毎年、芸能界入りしたいという少年少女たちは、もう、万の単位でいらっしゃるでしょうから。他人様《ひとさま》の目で、まず一次選考され、次に実際にやらせてみて、またふるい分けられ、だんだんだんだんだん狭《せば》まっていきますのでね。

まあ、まず最初は、選ぶとしたら、もちろん、「人の好感を得られるレベル」は何かないと駄目《だめ》だろうとは思うんですけどね。その一定のレベルを超《こ》えたあとは、やっぱり、「情熱」かな。

あとは、もう一つは、自分のやった仕事に対して、ときどき自分で自分をほめてやるみたいな感じっていうか、「ここはよくできたな」というようなところはちょっとほめてやるような……。自分で評価して、自分で点数を付けてやったり、「ここはちょっと駄目だったかな」と思うところは素直《すなお》に認めざるをえないんですけど、「ここは意外によくできたかな」と思うところは、自分にご褒美《ほうび》をあげるというか、まあ、ケーキ一個食べるだけでもいいんですけどね（笑）。「ここはよくできたな」と思うところにはちょっとご褒美を出すような、そういうところはあってもいいのかなあ。

競争が激しいし、この世にはいろいろな好みが存在するので、いろいろな人の好みにミートしてはいくんだと思うけれども、違った好みがありながら、それでも、ある程度のところでみんなが「イエス」と言ってくれるレベルがあるのでね。

そのへんを、自分の個性でやってるように見せながら、実は「多くの人たちの求めているものを見せている」っていうか、「提供している」っていう技術なのかなっていうふうには思うんですね。

自分自身の個性でやってるように見せてるんだけど、実は、できるだけ多くの人との〝接触《せっしょく》面積を増やす〟っていうか、〝支持される面積〟を増やすっていうふうな努力を本心では思ってるみたいなところが要《い》るんじゃないかなと思うんですよね。

駒沢　ありがとうございます。

「感情の引き出し」を増やして演技の幅《はば》を広げるコツ

なりた　こんにちは。本日はありがとうございます。

私は、アリ・プロダクションで、最近、タレントとしても活動をさせていただいているのですが、自分のなかにある感情を出して、それを演技につなげていくというところが難しいと感じています。楽しく笑顔で明るい演技はできても、例えば、「怒《いか》り」だったり、「憎《にく》しみ」だったり、「恐怖心《きょうふしん》」だったり、そういう暗い感情を引き出して演技に出すのが、すごく難しいなと思っています。

小松菜奈守護霊　うん、うん。

なりた　そこで、自分の感情の引き出しを増やして、演技の幅《はば》を広げていくために、小松さんが努力していることなどがございましたら、お教えいただければと思います。

小松菜奈守護霊　さっきお答えしたこととも重なるんですけども、あなたは見るからに明るくて、優《やさ》しくて、朗《ほが》らかで、かわいらしくて、楽しくなるタイプの方ですよね。

ただ、そういう人用に用意してくれる作品っていうのは、数としてはそんなに供給されてないんですよ。だから、そういう定義に当てはまるような役がスッと回ってくることっていうのは、やっぱり、かなり少ないんですね。

で、「お笑い」なら「お笑いの世界」はあるんですけども、お笑いの世界は、ちょっとまた別のジャンルとしての厳しさ、競争があるので、たぶん、それはそれなりに一筋縄《ひとすじなわ》ではいかないものかなというふうに思うんです。

私は、（質問者のなりたに対して）あなたにはやっぱり〝逆バージョン〟をお勧《すす》めしたい。あなたこそ、「ホラー映画」を百本、二百本と観《み》続けて、まず幽霊《ゆうれい》で出演することで、自分の演技力をつける。「絶対できないと思われるような役をやらせてください」と言って、井戸《いど》から這《は》い上がってくるときの怖《こわ》さを演じてみせる。「あれーっ!? あの人、こんな役ができるんだ!」っていうぐらい、みんなを驚《おどろ》かすというか、意表を突《つ》くような感じの、そういうので、実際、自分の持ち味と正反対のものから努力なされたら、きっとすごいんじゃないでしょうかね。

その怖ーいなかから、普段のにこやかなニタッという笑いが出たら、そのときはみんなゾゾゾゾゾゾーッとくるほどの怖さを本当に感じるだろうと思いますので(会場笑)。本心で演じたところが恐怖に変わるという瞬間《しゅんかん》ですよね。

こういうのは「騙《だま》し」とは違うんだけど、ある種の、何て言うか、お化《ば》け屋敷《やしき》で人を怖がらせている人の喜びにちょっと似たようなものがあって。やっぱり、怖がってくれないと全然やる気が出ないっていうか、仕事として面《おも》白《しろ》くないですよね。

だから、お化け屋敷で、「怖がりに行く」っていうことを知っていながら、それでも怖がってしまうっていう。〝知っていながら怖がらせる〟っていう、ここが「プロの技《わざ》」なんじゃないかなあというふうに思うんですよ。

有名な女優さんでも、そういうホラーから出てきた人はいっぱいいらっしゃるので、最初はね。

まあ、ホラーは低予算でつくれるんですよ。低予算でつくれて、ヒットしたら、実はけっこう収入が高くあがるので。低予算でつくれて成功率が高いので、あなたのような性格女優の場合は、そんなものを研究されたほうがいいんじゃないかなあと。

もし、そのへんでできたら、ほかの演技は、たぶん、そうとう幅広くできるようになるんじゃないかなと。

だから、みんなは、あなたをパッと見て、ちょっとお笑い系の、何かコメディータッチのものにしか使えないと見ると思うんですよね。でも、やっぱり、この〝予想を裏切る〟ことが、「女優としての始まり」なんじゃないかと思う。

みんなが、「絶対にこの人はコメディータッチのあれしかできやしない」と思い込《こ》んでるところを、あっさりと予想を裏切ってしまって、「えっ……！　こんなことがやれるわけ!?」っていうところで裏切ると、たぶん、幅がガーッと開けてくるんじゃないかなあと思います。

幸いにして、そのご性格から見て、悪霊《あくれい》が長い間取り憑《つ》いているのは難しいだろうと思うので、そういうものも可能なんじゃないでしょうかね。

なりた　ありがとうございます。

5 オーディションに受かるための〝魔法《まほう》〟

監督《かんとく》や審査員《しんさいん》、全員の心をつかむ「釣《つ》り針」を仕込《しこ》んで……

なりたあと、小松菜奈さんは、映画「渇《かわ》き。」のオーディションを自《みずか》ら受けて出演されたと聞いたのですが、オーディションを受ける際に、数秒や数十秒の間に監督《かんとく》さんや審査員《しんさいん》のみなさんの心をつかんで、先ほどもおっしゃっていた、短い時間のなかで、自分のキラッと輝《かがや》くものを出す秘訣《ひけつ》がございましたら、お教えいただければと思います。

小松菜奈守護霊　うん、まあ、そういうふうに見えますか？

うーん……、イメージ的にはちょっと違《ちが》うんですよね。イメージ的にはね、「川の夜釣《よづ》り」の感じなんですよ。夜釣りの川で、針をたくさん垂《た》らして、長ーくですね。ウナギでも釣るように釣り針がいっぱいあって、餌《えさ》にミミズをいっぱい付けて沈《しず》めておくっていう感じにちょっと近くて（笑）。

だから、監督だろうと、ほかのディレクターだろうと、マネージャーだの、いろいろな方がいらっしゃると思うんですけど、いや、実は、全員が食いつけるぐらいの針は準備してて（笑）。何十メートルもの長い仕《し》掛《か》けに釣り針がぶら下がってて、それぞれにミミズがぶら下がっている。ミミズだけでなくて、その人が食いつきそうな餌をぶら下げていて、これを川の反対側まで流していている感じで、夜釣りをかけているイメージなんですよ。

「あっ、監督が食いついたな。ああ、この人も食いついた」っていう感じ。鈴《すず》が鳴って、「あっ、かかった！」って手繰《たぐ》り寄せる、あの感じなので。針は一本じゃないんですよ。そういう感じ。

あっ、これは知られたらまずかったかな（会場笑）。知られたらまずいんだけど、針はたくさん仕込《しこ》んであります。

だから、監督を引っ掛ける針と、ほかの、例えば、広告主とか、プロデューサーとか、いろいろな方に引っ掛かるような針を用意して、実は、餌もちょっとずつ変えてあるわけですね。

で、どういうかたちかというと、オーディションとか、そういういろいろなところで見られるわけだけど、いろいろな瞬間《しゅんかん》で、その人に向けて針と餌を見せるところがあるわけですね。

やっぱり、オーディション現場でも、本当は、もう入ったところから終わるまで、みんな全部を見てるから。自分が演技をやっているときだけ見られていると思ったら間違いで、全部を見てる。入ったときから終わるまで、あるいは、書類の審査から全部を見ているわけなので、いろいろな〝仕込み針〟を入れておかなければいけないっていうことですね。

実を言うと、オーディションの演技のあと、挨拶《あいさつ》して、「終わった」と思ってそこで切れたら、駄目《だめ》ですね。終わったあとあたりでも、針は川の流れのなかを流れているので、そのあともまだ引っ掛かるんですよ。

それと、自分の前にやってる人のを見ているときとかでも、実は、すでに針が流れているので。みんな、緩《ゆる》やかに全体を見ているので。そういうふうに思わなければいけない。

あんまり言うと〝悪女〟に聞こえるから、もうこれ以上言ってはいけないね。

特に、男性はね、やっぱり針の大きさが違いますね。鯉《こい》釣り用の大きな針だったら、餌を付けても針が見えちゃうから、小さな魚も怖《こわ》がっちゃって、そんなのは寄ってこないですけど。大きな鯉はガボッと来ますけど、鮒《ふな》とか、あるいは、もっと小さな魚とか、針のサイズが違うし、餌もちょっと変わるでしょ？

このへんの違いが、こう、本能的に相手を見たときに、「この人はこういうタイプの女性が好きだな」と……。

例えば、あなた（竹内）を見て、「こういうタイプの女性を好きだろうな」っていうことが一瞬で見えると、まあ、昔なら魔女《まじょ》みたいに言われるかもしれないけども（笑）、今であれば、それは「女優」ですよね、はっきり言えばね。そういう技術は要《い》るんじゃないですか。それで、ある程度、オーディションを制していかないといけないんじゃないでしょうか。

だから、〝自己中〟になって、自分のことばっかり考えていると、たぶん駄目だろうと思います。針をいっぱい付けて、できるだけ多くの〝魚〟を釣ろうと思わないと。その感じは要ると思うんですね。
やっぱり、自分の背中が見えるぐらいでないと駄目だと思いますね。背中の、衣装《いしょう》の後ろ側の姿や、毛穴まで見えるぐらいの感じでやらないと難しいんじゃないですかね。

なりた　ありがとうございます。

「しぐさや表情で台詞《せりふ》以上に語れるか」

竹内　ちなみに、今のオーディションのときのお話について、もう少しお訊《き》きしたいと思います。今のお話は、けっこう魔法のようなものにも感じるんですけれども（笑）。

小松菜奈守護霊　まあ、そういう面もありますよね。

竹内　もちろん、「人の心を見抜《みぬ》く」ということはあるでしょうし、「いろいろな〝釣り針〟を用意する」ということも、事前に、監督やいろいろな方の勉強をして仕込んでおけることであると思うのですが、「勉強の一線を越《こ》えたものもあるのかな」という感じもします。

それは、いったい何なのでしょうか。人は興味がないと食いつかないと思うのですが、そうした「人が食いつく針」に当たるものとして、小松さんは何を発しているのでしょうか。

小松菜奈守護霊　私の場合は、「目」、「唇《くちびる》」、それと、外からは見えませんけれども、〝子宮《しきゅう》感覚〟ですね。女性の大事な部分ですけれども、この三つです。

例えば、台本があります。台本を覚えて台詞《せりふ》を言います。指導されて言いますけれども、実際は、映画を観《み》て分かると思うんですが、台詞だけが仕事をしているんじゃないんですよ。台詞以上に、表情が語っている部分があるんですね。

これは、実は、台本に書かれてる場合もあります。「こういう表情をする」というように書かれてる場合もあるけど、書かれてない場合があるんです。その書かれてない部分は、監督が指導したり、ほかの役者さんから言われたり、いろんな方から注意されたりしながら、何度も稽古《けいこ》して、イメージトレーニングをして、練習もしながらできていくものではあるんですね。

だから、台詞を覚えるだけでは駄目なんだと思うんですよ。台詞を覚えるだけだと、舞台《ぶたい》ぐらいの少ない人数に見せるぐらいの演技はできますが、やっぱり、何十万、何百万の人の目に触《ふ》れる演技になってきますと、それではちょっと届かなくなってくるんです。

「台詞以外の部分」は、まあ、眉毛《まゆげ》もありますけどね。「目」、「眉」、「唇」、「頬《ほお》」、それから、自分自身のなかから出てくる女性的な、色気《いろけ》と言えば「色気」だし、男を誘惑《ゆうわく》する力と言えば誘惑する力だろうけど、それは、確かに〝子宮感覚〟なんですけれども。男を誘惑するような「フェロモン」みたいなものでしょうか。これ自体を映像で捉《とら》えるのは難しいと思います。

だけど、これ自体を映像で捉えるのは難しくても、私の演じた映画のなかにもありますが、例えば、女性がスカートの片側を右手なら右手でキュッと握《にぎ》るしぐさを演技のなかで何度かするだけで、言葉では何も言っていないのに、その人の「人となり」を表してるところはあるんですね。ちゃんと感情を表してるんですよ、そのしぐさが。

だから、「台本を覚えて正確に演じる」っていうのは、みんな練習はできると思うんですが、「それ以外のところで、自分のしぐさや表情で、どれだけその物語を埋《う》めていくことができるか」っていうところで差がつくんですよ。たぶん、差がつくのは、ここだと思うんですね。

例えば、男女の恋愛《れんあい》なんかを描《えが》いても、言葉で表現してしまったら実に浅いものになってしまって、聞き飽《あ》きた台詞ばっかりです。「愛してるよ」とか、「好きだよ」とかいうのをいくら連発されても、聞き飽きた台詞でしかない陳腐《ちんぷ》なものですよね。

だけど、それを、「目の動き一つで『愛してるよ』と伝えてごらん」とか、「眉の動きで『愛してるよ』って伝えてごらん」とか、「唇の動きで伝えてごらん」「ほっぺたの動きで伝えてごらん」「髪《かみ》の毛をいじるしぐさで『愛してる』って伝えてごらん」、あるいは、「自分のスカートをいじるしぐさで『愛してる』という気持ちを伝えてごらん」って。こういうかたちで試験をされたら、それができますか。

このあたりが、女優の登竜門《とうりゅうもん》なんじゃないかなあっていう気はします。そのあたりが、みんなが分からない、何だろうかなあ……。女子体操みたいなもので言うと、点数が付くわけ。「なんで、ああした点数が付くのか」っていうと、「これとこれと、これを演じてるかどうか」っていうチェックポイントがあるんだと思うんだけど、やっぱり、それを超《こ》えて、何か、みんなを魅《み》入《い》らせるものがあると思うんですよね。ちょっと応援《おうえん》したくなる〝プラス点〟を加えたくなる面があると思うんです。

そのへんを工夫《くふう》してできれば、例えば、「自分のしぐさのなかに、監督が要求しておらず、台本にも要求されていない小さなしぐさが入って、それがすごく効果的な演技になっている」みたいなところがあると、ほかの見ている方が、「あっ、この人、まだまだ伸《の》びる余地があるかも」っていうように見てくれるんじゃないかなあ。

ソナーみたいに、返ってくる観客の反応を感じ取る力

小松菜奈守護霊　そういうプラスアルファの……。まあ、基礎《きそ》があってね、言われたとおりのことをキチッとやれる練習をするのは、当然のことだとは思いますが。

ただ、私たちのようにモデル出身で役者になった者たちの場合、モデルの姿を見ている人たちは、直接、何も言いませんからね、視線は感じますけど。私たちは、みんなに対して、パーッと魅力をアピールしているわけなので、それが感触《かんしょく》として跳《は》ね返ってくる。これは、何か「ソナー（音波探知機）」みたいなものっていうか、今で言うと、「イージス艦《かん》」みたいなものか

と思うんですけど。電波を発信して返ってくるのを見て、相手の位置を知ったり、深さを知ったり、距離《きょり》を探《さぐ》ったりするのがあるじゃないですか。あんな感じで。

まあ、「パリコレ」みたいな感じで歩いていって、いろんな視線がいろんな箇所《かしょ》から見てますけど、自分からも「コウモリ」みたいに〝超音波《ちょうおんぱ》〟が出ているわけですよ。それで、見た人に反応が出るんですが、その反応が返ってくる。歩いていって、歩いて帰る間にも、その〝超音波〟の反応が返ってくるんですよね。それを全身で感じ取る。

このときは、コウモリになっている気持ちかもしれませんけど。「バットマン」に出てくる「コウモリ」みたい

2017-18 秋冬パリ・コレクション。

なもので、そういう超音波が跳ね返ってきて、壁《かべ》の奥行《おくゆ》きとか広さ、あるいは、天井《てんじょう》の高さが分からないと飛べないですよね。暗闇《くらやみ》のなかでは飛べない。
モデルとしては、スポットライトは自分に当たっているけど、でも、ほかの人の顔は見えない。ほとんど見えない。これで、「自分にしかスポットライトが当たっていないのに、ほかの人にもスポットライトが当たっているかのように感じる」っていう能力が、すごく大事なんじゃないかなあって。やっぱり、この差がはっきり出てくるんじゃないかなと思います。

竹内　ありがとうございます。貴重な演技論をいろいろ頂きました。

小松菜奈守護霊　いえ、いえ。偉《えら》そうに言えるような立場じゃなくて……。

竹内　いえ、ありがとうございます。

小松菜奈守護霊　そちら様はプロかもしれないので、とても……。

竹内　いいえ。

小松菜奈守護霊　今日は、せっかく呼んでいただいたので、できるだけお役に立とうと思って。

竹内　ああ。ありがとうございます。

小松菜奈守護霊　〝二百パーセントの自分〟で頑張《がんば》ってるところなんです

（笑）。

竹内　〝二百パーセント〟ですか（笑）。ありがとうございます。

小松菜奈守護霊　演技してるところなんですけど（笑）。

竹内　（笑）

6 「変化していく自分」を自分だと思う

やってみたい役は、「どんどんトランスフォームする女性」

竹内　ちなみに、今、マスコミ等にも出ていない情報として、小松さんが次にやってみたい役……。

小松菜奈守護霊　ハハッ（笑）。

竹内　あっ、次ではないですね。「次の次」でもいいんですけれども、「本当にやりたい役」というのは、何なのでしょうか。将来、ご自身で「本当にやり切りたい」という役には、どのようなものがありますでしょうか。

小松菜奈守護霊　何か、「トランスフォーマー」みたいなのを……、まあ、機械じゃなくて、「トランスフォーマー」みたいなのを、人間でやってみたい感じはあります。

竹内　それは、どう解釈《かいしゃく》したらいいのでしょう？

小松菜奈守護霊　だから、どんどん変身する女性？

竹内　実際に変身する？

映画「トランスフォーマー / 最後の騎士王」（マイケル・ベイ監督／2017年アメリカ公開、パラマウント映画／2017年日本公開、東和ピクチャーズ）

小松菜奈守護霊　うん、そう、そう、そう、そう。ロボットで喧嘩《けんか》したり、戦ったりするのは、さすがにちょっと演技にはならないですけれども。自分自身が何か、トランスフォームして、変わって、いろいろできるような感じの面白《おもしろ》い作品に出会えたら、やってみたいなっていう感じはありますねえ。

まあ、昔であれば、古典的なものであれば、「シンデレラ」とかがそれでしょ？

竹内　ああ、そうですね。

小松菜奈守護霊　ああいう、「いじめられていた貧しい農家の娘《むすめ》が、王宮で踊《おど》りをして、十二時を過ぎたら元に戻《もど》ってしまう」っていうような感じのがありましたけど。一種のトランスフォームでしょうけれども。

まあ、ああいう古いものでは、ちょっと無理だとは思うんですが、現代的なもので、「どんどん変化していく女性」みたいなものを何かやってみたいなあ。

竹内　ああ……。

小松菜奈守護霊　そういう作品をつくれる人がいたら、やってみたい感じはありますねえ。

竹内　はい。ちなみに、「そのように思う」というのは、何か郷愁《きょうしゅう》を感じるのでしょうか。そうした「変化していく自分」というものに対する「魂《たましい》の郷愁」といいますか、何かあるのでしょうか。

小松菜奈守護霊　うーん……。まあ、基本的に、美には二種類あるとは思うんですよね。

一つは、「自分の姿って美しい」と、自分が信じるものを強く打ち出していって、信奉者《しんぼうしゃ》を増やしていくっていうかな。「これを美だと信じよ」っていうか、「崇《あが》め奉《たてまつ》れ」っていう感じで、神様のようにガーッと押《お》していく感じの美はあると思う。これは、もう「見るからに女神様《めがみ》」っていう感じのタイプの方なんかは、そうだろうと思うんです。それで、けっこういいと思うんですけどね。

私なんかは、どちらかといえば、そういう感じではなくて、「水」みたいなものなので。姿はどんどん変えていく。液体になったり、気体になったり、固体になったり、氷になったり、雲になったり、地中に潜《もぐ》ったり、池になったり、川になったり、海になったりする。そういう「変化していく自分」っていうのを自分だと思って感じられる存在なので。

「ある意味では、霊的《れいてき》なのかなあ」と自分では思います。だから、肉体は持っていますし、肉体で仕事をさせていただいてはいますけれども、やっぱり、「霊的な自分」っていうのを感じるときは多いですね、(地上の)本人もね。

なぜ、小松菜奈守護霊は「蒼井優《あおいゆう》」に憧《あこが》れるのか

竹内　小松菜奈さんというのは、具体的には、どういった霊界《れいかい》とよくつながりやすいのでしょうか。

小松菜奈守護霊　うーん……。(約五秒間の沈黙《ちんもく》)とりあえず、憧《あこが》れているというか、目指しているのは「蒼井優《あおいゆう》さん」みたいな感じの女優さんなので。

竹内　ああ……。

小松菜奈守護霊　そう言うと、少し分かると思うんですけれども。いろいろな雰囲気《ふんいき》を醸《かも》し出していて、「性格女優」的な面もあって、「美人女優」でもできるんですけど、どちらでもできるようなタイプの方ですよね。

ああいうふうに、何て言うか……、まあ、私は今、若いですから、若さで勝負してもいいんだけれども、若さだけで勝負できなくなったときでも生き残っていけるような感じの女優になりたいなと思っているので。そうした、「深

蒼井優（1985～）　女優、モデル。「花とアリス」「フラガール」「るろうに剣心」など、数多くの映画やドラマに出演している。第30回日本アカデミー賞・最優秀助演女優賞、新人俳優賞など、受賞多数。

さ」とか「味わい」のある感じの女優になりたいなあ。

　そういう意味では、「いろんな役を演じ分けられるような女優になりたいな」っていう感じが強くて。たぶん、この感じは、何か、「神様が魂をつくられて、人間に宿らせるときの気持ち」みたいなものに近いものを感じているんじゃないかなあ。

　だから、（胸に両手を当てて）この〝肉体〟をもらっているけれども、「これは表現形式なんだ」っていう感じは、すごく自分も思っています。これが美しいに越《こ》したことはありませんけれども、醜《みにく》くなったら使っていただけないから（笑）。美しいに越したことはないけれども、やっぱり、「魂の器《うつわ》」として、もっともっと変化しなきゃいけないいんじゃないかなってという感じかなあ。

　だから、あなたがたが理想にしておられるものから、そう遠くはないのかもしれない。ただ、あなたがたのほうから見れば、やや、「危険な女優」っていう感じはあるのかもしれない。

7　小松菜奈、〝魔法《まほう》〟のルーツ

あの世では、「『思い』が『行動』と一緒《いっしょ》です」

竹内　私も「アリ・プロダクション」というところで仕事をしているんですけれども、今、千眼美子《せんげんよしこ》が〝再起動〟して、芸能活動を再開しています。

小松菜奈守護霊　あの方は素晴《すば》らしいですよ。

竹内　その千眼美子も、蒼井優《あおいゆう》さんを、すごく尊敬している女優として挙《あ》げているのですけれども。

小松菜奈守護霊　あっ、そうなんですか。

竹内　千眼美子と小松菜奈さんは、霊界《れいかい》ではお知り合いなのでしょうか。

小松菜奈守護霊　いやあ、あの方は格が違《ちが》いますので。もう「神格《しんかく》」をお持ちだと思われるので。

竹内　ああ、そうですか。

小松菜奈守護霊　私なんか、とてもとても、そこまでは行かないとは思うんですけどね。まあ、少しはあやかりたいなとは思っておりますが。

竹内　うーん。

小松菜奈守護霊　だから、霊界の秘義《ひぎ》がいろいろあるようなんですが、霊界でも低いところにいる人たちは、生きていたときの自分のままのようなかたちで生活を続けている方が多くて、「それ以上の悟《さと》りは開かないで、この世に、もう一回、生まれ変わってくる方が多い」というように聞いているんですけれども。

私が感じているあたりだと、やっぱり、肉体的なかたちよりも、霊的な存在としての力や作用を知っている人が多いところではあるので。「霊というのは、もっと自由自在にいろいろ動けるんだ」っていうことは知っている人が多くて。だから、「そういう役割とか機能とかを果たせるといいな」っていうことを、みんな思っている感じですかね。

いちおう、少しだけ世界が違うとしたら、うーん、確かに、さっき、「魔法《まほう》」というようなこともちょっと出ましたけど（苦笑）。あの世では、「思い」が「行動」と一緒《いっしょ》なんですけども、何か、「その思いでいろんなものを変えていきたい」っていう感じで練習している方が多い世界だなとは思います。

だから、私たちの世界に行くと、実際に空間を移動して、例えば、「山の上からお花畑に行く」っていう感じのものも、経験としてはありえるんですけれども。そうではなくて、例えば、「乾《かわ》いた大地があるところに、チューリップ畑をつくりたいなあ」と思って、ずーっと思いを凝《こ》らしていって、乾いた土のなかからチューリップがワーッと咲《さ》いてくるところを、みんなにお見せすることができたりしたら、「うわあ、すごいじゃない。ワンダフル！」っていう感じ？

そういうのを、今、一生懸命《いっしょうけんめい》、練習するようなところに、守護霊の私のほうはいるので。そう言うと、ちょっと、何となく分かるかなあと思いますけど。

竹内　（笑）そうですね。

小松菜奈守護霊　（駒沢を指して）あなたなんかも、そんなに変わらない。

駒沢　（笑）そうですかねえ。

小松菜奈守護霊　うん、うん。

駒沢　少し、宇宙のほうとのかかわりもあるのかなと思ったんですが……。

小松菜奈守護霊　ちょっと、「宇宙のほう」と言われても、私、スッと分からないんですけど。

駒沢　そうですね。「いろいろ変化する」とか、「いろいろな姿に変えられる」とかおっしゃっていたので、何か……。

小松菜奈守護霊　うーん……。ちょっと、それは、「幸福の科学女優」にならないかぎり、そこまでは行かないかなあ。

駒沢　（笑）そうですね。

小松菜奈守護霊　ちょっと難しいかなあ。うーん……。まだ、ちょっと本人の知識にそこまで入っていないので、理解が十分ではないんですけど。

駒沢　何か、親近感の湧《わ》く女優さんはいらっしゃいますか。

小松菜奈守護霊　うーん……。

竹内　「宇宙」だと難しいですかね（笑）。

シャネルとの縁《えん》で、ファッションや香水《こうすい》に関する仕事をしていた

竹内　では、お時間も後半に入ってまいりましたので、少し具体的に、小松

菜奈さんの神秘的な部分についてお伺《うかが》いしていきたいと思います。

実際、今、お話しされている方というのは……。

小松菜奈守護霊 ああ……。

竹内 あなた様は、先ほど、「霊界でチューリップを花咲かせている」とおっしゃいましたけれども、具体的に、いつの時代に、どのようなお仕事をされていた方なのでしょうか。

小松菜奈守護霊 うーん……、まあ、ファッションに関係があった。

竹内 ファッション？

小松菜奈守護霊　うん。だから、「人間を化《ば》けさせる」と言えば、化けさせる仕事かな。

竹内　ああ……。今、小松菜奈さんは、シャネルのアンバサダー（大使）もやっておられますけれども。

小松菜奈守護霊　うん。はい、はい。

竹内　いつごろの時代の方なのでしょうか。

小松菜奈守護霊　うーん……、まあ、シャネルと

「パリファッションウィーク 2017-18 秋冬」で行われた「CHANEL」のショーに出席した小松菜奈（2017 年 3 月 7 日、フランス・パリ）。

は、けっこう縁《えん》は深いですね。

竹内　あっ、そうですか。

小松菜奈守護霊　うん。

竹内　どのくらい深いのでしょうか。

小松菜奈守護霊　うーん……、「どのくらい深い」って、やっぱり、バラを集めて香水《こうすい》をつくったりするのを自分も経験した感じがあるので。

ココ・シャネル（1883～1971）
フランスのファッションデザイナー。「CHANEL」の創業者。服飾・香水・化粧品・宝飾品などを幅広く展開し、常識にとらわれない斬新な提案を数多く行った。

竹内　あっ、そうですか。

小松菜奈守護霊　ええ。「シャネルの5番」とかをつくり出すような感じの経験はしたことがあるから。あれは〝この世の魔法〟みたいなものでしょう？　香水なんていうのは、一種の。

竹内　うーん。まあ、そうですねえ。

小松菜奈守護霊　「花から香水をつくり出す」なんていうのは。それから、ファッションをつくり出すのとかもそうだと思うんですけど。あれは〝この世の魔法〟ですよねえ。

「女性を変化させる原材料をつくるほう」に関心がある

小松菜奈守護霊　でも、〝魔法〟と言ったら特殊《とくしゅ》な世界に見えるかもしれないけれども、女性の大部分は、その〝魔法〟の恩恵《おんけい》にあやかっていますよね。素顔を見せている人は数少ないですよね？

竹内　はい。

小松菜奈守護霊　ほとんどの女性は、大人になると、みんな自分を変身させることに夢中になって、本当の姿は男性には見えないことになってますよね。その最たるものは、確かに、「女優」とか「歌手」とかをやってる人たちがそうかもしれませんけどね。

竹内　はい。

小松菜奈守護霊　「ＡＫＢ」みたいなのだって、やはり、〝魔法〟は〝魔法〟だと思うんですよ。一人ひとりを取り出してみたら、女優として出してみたら、それほど人気が出るほどではない方も多いんですけれども、〝集合〟で何十人か集まってみると、すごく美しく見えますよね、かわいらしくて。付加《ふか》（価値）を生み出すエネルギーっていうのは、本当に何万もの人を集めたり、すごい人気っていうか、全国から人気を取るぐらいの力になる。

だから、個人個人の力はそれほどでもないのに、集合すると、集団になると、〝魔法〟のような力が出てくる場合もありますよね。そういう感じの

〝魔法の現れ方〟もあるんだと思うんですけれども。
まあ、私のほうは、どちらかといえば、そちら側というよりは、そういう「群れて〝魔法〟を使う」というよりは、「自分でその〝魔法〟の原材料というか、原液の部分をつくっていく」ようなほうに関心がある人間かなあ、と。

竹内　うーん……。ああ、そうですか。

小松菜奈守護霊　そういう意味で、「ファッション」とか「社交界」とか、そういうもののところで、〝女性たちを変化させていく〟ようなものの源流のところを、ちょっと手伝ったりするようなのは好きな感じだから。
（竹内を指して）あなたとは、もしかしたら、どこかでクロスしてるかもしれません。

竹内　クロス？

小松菜奈守護霊　うーん。何か、ピンクのワイシャツなんか着て、いいんですか？　宗教でそんなの着て。

竹内　（苦笑）ああ……。私の話はいいので……（苦笑）。

小松菜奈守護霊　何か、ちょっと不思議すぎる感じなんですけど。

竹内　（苦笑）

8　不思議な過去世《かこぜ》

シャネルとは直接関係がある

竹内　その前の転生《てんしょう》で挙げられる、何か特徴《とくちょう》的なものがありましたら……。

小松菜奈守護霊　うーん……。シャネルとは、直接関係があると思うんです。直接ね。

竹内　はい。

小松菜奈守護霊　それより前、うーん……（約十秒間の沈黙《ちんもく》）。これは日本かと思うんですけれども、京都の友禅《ゆうぜん》っていうか、着物ですよね？

竹内　はい。

小松菜奈守護霊　色鮮《いろあざ》やかな着物があると思うんですけれども、そうした日本の着物をつくって着るところ、このあたりにかかわりがあるような気がします。これは、起源はどのくらい……、室町《むろまち》時代ぐらいまでに戻《もど》るんですかねえ。そのあたりから始まってるんじゃないかとは思うんですが。

この前の京都での撮影《さつえい》のときにも使いましたけれども、鴨川《かもがわ》は、私、実際に昔、使っていたことはあって。友禅染めをやっていたことがあるような気がします。あれは、染めては水でさらし、染めてはさらしするんですけどね。

だから、京都にはいた覚えがありますね。

「魔女《まじょ》に一回、指定された覚えがある」

竹内　やはり、宗教とのかかわりが神秘的な力の源泉にもなってくると思うんですけれども、過去の転生で、宗教的なお仕事をされたことというのはありますでしょうか。

小松菜奈守護霊　うーん……。宗教で言うと、あまり思い出してうれしくない経験もあります。

竹内　それは、いつの時代ぐらいになるのですか？

京都市の四条大橋《しじょうおおはし》から眺める鴨川。

小松菜奈守護霊　うーん……。（約五秒間の沈黙）うーん……。まあ、時代はよく分からないんですけれども、「魔女狩り《まじょが》」みたいなのがあったと思うんですけど。

竹内　ああ……、そちらですか。

小松菜奈守護霊　魔女に一回、指定されたことがあるような感じがあるので（苦笑）。

竹内　ああ、そうですか。

小松菜奈守護霊　そのときは、ちょっとつらい思いをしたかなあ。

竹内　うーん。そうしますと、中世ぐらいですね。

小松菜奈守護霊　うーん。魔女に指定された覚えがあるので。でも、一人だけっていうんじゃなくて、そういうときは、たくさんの方が魔女にされて……。

竹内　そうですね。

小松菜奈守護霊　（駒沢を指して）こういう方なんかも、きっと魔女に指定されてる方じゃないかと思うんですよね。そういう面で、〝ダークサイド〟ではつながってる気はするんですけど。

竹内　そうですか。分かりました（苦笑）。

小松菜奈守護霊　一緒《いっしょ》に「魔女狩り」されているんじゃないですか、どこかではね。

小松菜奈が、過去世《かこぜ》、中国で学んでいたこととは

竹内　では、もっと時間を戻してみると、どうでしょうか。「魔法」というと、空海《くうかい》様やヘルメス様なども関係がありますけれども。そうした、もう少し明るい世界の魔法といいますか（笑）。

小松菜奈守護霊　いやぁ、幸福の科学の勉強にまでは届いていないので、これから教えていただかないと、ちょっと分からないんですけど。

ただ、何か、そういう、「霊術《れいじゅつ》」のようなもの、「秘術」、「秘法」、「超能力《ちょうのうりょく》」みたいなものを修行《しゅぎょう》した記憶《きおく》があることはあるので。

竹内　それは、日本ですか、西洋ですか。

小松菜奈守護霊　うーん。私、（幸福の科学の）職員でないので、そのへん、難しいことを言われても、ちょっと分からないんですけど。

うーん……、意外に、中国のような感じもしますねえ。

竹内　中国？　では、道教《どうきょう》とか……。

小松菜奈守護霊　古代から伝わっているような……。

竹内　古代？　あっ、古代からなんですか。

小松菜奈守護霊　古代から伝わっているような、何か、「まじない」にも似た、そういう「秘術」みたいなもので、まあ、道教と言えば道教かもしれないけど。

竹内　うーん。

小松菜奈守護霊　キョンシーみたいなのに対抗《たいこう》するようなもので。あの、

(腕《うで》を前に伸《の》ばして)死体がピョンピョンと跳《と》んでくるのがあるじゃないですか。

竹内　はい。

小松菜奈守護霊　死んだのが、死体が跳んでくるやつがあるでしょう。ねえ？　あれに、護符《ごふ》を書いて(貼《は》るしぐさをしながら)「ペッ」てやって、動かさないようにする。そんな香港《ホンコン》映画があるじゃないですか。

そういうキョンシーっていうか、死体が蘇《よみがえ》るような恐《きょう》怖《ふ》、まあ、ドラキュラだよね。一種のドラキュラだと思うけど、ドラキュラみたいなのを封印《ふういん》するっていう。そ

映画「霊幻道士《れいげんどうし》」(リッキー・ラウ監督／1985年香港公開、嘉禾電影有限公司／1986年日本公開、東宝東和)

ういう道術を学んでいたことがあるような気がするから。

竹内　逆に、それを演技に生かされて、いろいろなものを切っていく能力にもなっているのでしょうか。

小松菜奈守護霊　うーん。でも、尼寺《あまでら》みたいな感じにちょっと近いような気がすることはするので。中国は、そういう迷信《めいしん》に満ちた時代だったので、当時は。

まあ、仏教もあったのかもしれませんが、神仙《しんせん》思想っていうか、道教的なもので、ご利益《りやく》があるようなもの、「護符」とか、「呪文《じゅもん》」とか、ご利益があるようなものと関係があったのではないかと。

何か、お札《ふだ》？　よくあるじゃないですか、いろんなところで。お札みたいなので、何かに効くものが。ああいうのを書いて貼ったりするような仕事をしていた感じがするので。尼さんでなければ、道士《どうし》のお手伝いをしていた者なのかなあ。

キョンシーものというか、「死者の復活と、その悪さを止める」みたいな感じのものに対しては、すごい郷愁《きょうしゅう》を感じるので、何か関係があったのではないかなあという気がします。

宗教と関係があると言えば、そういう感じでの関係はあるかと。

質問者の女性との「つながり」を指摘《してき》する小松菜奈守護霊

小松菜奈守護霊　でも、やっぱり、（駒沢を指して）あなた、何か近いものはあるような……。

竹内　こちらの女性（駒沢）と、ご一緒に生まれたことがおありなんですか。

小松菜奈守護霊　この人、〝闇《やみ》の世界〟の人でしょう？

駒沢　（苦笑）

竹内　いや、闇の世界ではないと思うんですけれども（苦笑）。

小松菜奈守護霊　え？　違《ちが》うんですか？　月夜の晩しか動かない、働かない……。

竹内　以前、「日が陰《かげ》ってからのほうが強くなる」というようなお話はありましたけれども（『「日本超古代史」探究 〝月読命《つくよみのみこと》〟とは何者か』〔幸福の科学出版刊〕参照）。

小松菜奈守護霊　満月のときに、箒《ほうき》に乗って飛んだりするようなタイプの感じがするんですけど。

竹内　「箒で飛ぶかどうか」は、ちょっと私も分からないんですが（苦笑）。

小松菜奈守護霊　そんな感じで、〝つながっている〟ような感じが若干《じゃっかん》あるんです。

（駒沢に）（霊界《れいかい》の）表の方《かた》じゃないでしょう。

駒沢　えっ（苦笑）。

小松菜奈守護霊　表の、光の世界の方じゃないでしょう、この人、きっと。

竹内　（苦笑）

小松菜奈守護霊　日が暮れてから動き始める世界の方のような気がします。私の直感ですけど、感じから見ると、ドラキュラ伯爵《はくしゃく》の妻とか、そんな感じの……。

駒沢　（苦笑）

竹内　いや、そんなことはないと思いますけれども（苦笑）。

小松菜奈守護霊　え？　違います？

駒沢　（苦笑）

小松菜奈守護霊　自《みず》ら出演なされたほうがいいのでは。

竹内　（笑）

「半分は、恐怖《きょうふ》の世界とも関係がある」

竹内　今、小松菜奈さんのいろいろな転生を明かしていただいたのですが、ご自身の指導霊といいますか、指導を頂いている霊界というのは、どういった世界になるのでしょうか。

幾《いく》つかの転生を明かしていただいたのですが、主に今世《こんぜ》の小松菜奈という一人の女優を中心的に指導している指導霊団《れいだん》といいますか、そちらは、どういう系統の方なのですか。

小松菜奈守護霊　ああ、それが分かったらいいのに……。修行が足りないから、この世……、この世というか、あなたがたから言うと、「あの世」ですけども、まあ、あの世も、よくは分からない。

ほんとに、よく分からない世界なので。それを明確に解説してくれる人は、そんなにはいないから、体験したものしか実感がない。だけど、体験したものの、見たものが本物であったかどうか、本当のものであったかどうかさえ分からない世界ではあるので。うーん。
まあ、でも、「半分は、恐怖《きょうふ》の世界とも関係がある」と、自分でも思っています。たぶん、そういう怖《こわ》い世界とも、半分ぐらい関係がある。おそらく、「魔法界みたいなところと、半分は関係がある」と思います。

竹内　はい。

小松菜奈守護霊　あとの半分は、そっちじゃなくて、本当に、この世の人たちを、「美」とか、「芸術」とか、「音楽」とか、そういうもので幸福にしようとするというか、優《やさ》しく接したいと思うような感じの自分が半分あって。
残りの半分は、「魔法の世界」みたいな感じの、非現実を現実とすることに興味・関心を持っている方々で。ちょっと性格が悪く出た場合は、相手を驚《おどろ》かせて喜んでいるような感じ。そういうのも、少しある自分を感じます。
ただ、よく言えば、その世界の自分は、地上の人たちにも、いろんなインスピレーションは降ろしているような感じはありますね。

竹内　ありがとうございます。

小松菜奈守護霊　「指導霊」って言われても、うーん……。指導霊って、ちょっと、もう……。

竹内　（ココ・）シャネルさんとかは、指導されているのではないですか。

小松菜奈守護霊　いや、最近、急に〝お偉《えら》く〟なられて。

竹内　ああ、そうですか。

小松菜奈守護霊　昔は、わりに近いところも〝飛んで〟たんじゃないかと思うんですけども、最近はちょっと、何か、「難しい世界」に入られて。

竹内　難しい世界？

小松菜奈守護霊　〝雲の上〟に上がられたので。

竹内　そうですか。

小松菜奈守護霊　ちょっと違う世界に入られましたねえ。だから、あっちになると、少し分からない。もう分からないですね。

竹内　ああ。

小松菜奈守護霊　あちらから来てくださる分には別にいいんですけど、こちらから行って、気安く、「お茶でも飲みません？」と言える仲ではないっていうか。怖い。少し怖い。

竹内　まあ、厳しい方でありますからね。

小松菜奈守護霊　何か、ちょっと怖いですね。怖い方ですので、あちらから降りてきてくだされば、それはいいんですけど。こちらから行くと、ちょっと怖い感じはあります。

竹内　分かりました。

9 どこかで〝ガソリン〟を入れないと

「このままの自分ではいけない」と感じている

竹内　では、最後に、小松菜奈さんの守護霊様から、ファンの方々へのメッセージを頂ければと思います。よろしくお願いいたします。

小松菜奈守護霊　ファンのみなさまへのメッセージ。うーん……。（約五秒間の沈黙《ちんもく》）

まあ、今、急に忙《いそが》しくなってきている時代なんですけども、チャレンジは、できるだけ続けていきたいとは思います。ただ、地上の本人のほうは、多少、厳しいっていうか、限界も少し感じてはいます。その意味で、どこかで〝ガソリンの供給〟をしないと、飛び続けられないような感じはあることはあります。

新木優子《あらきゆうこ》さんなんかとも友達なんですけど、お互《たが》い、「どこかからエネルギーを引いてこないと、飛び続けられないね」っていうふうな、そんな感じは持ってはいます。それが何なのかは分からないですが、とりあえずは、今、露出《ろしゅつ》も増えて、大勢の方々が期待してくださっているので、二十五（歳《さい》）前に消えていく人がすごく多いから、そういうふうにならないで、乗り越《こ》えていけるような自分になりたいなあとは思っています。

今日は、私のような拙《つたな》い者を出していただいて……、幸福の科学のみなさまがたの顔に泥《どろ》を塗《ぬ》るようなことになってはいけないなと、ほんとに心配はしているんですけれども、取り上げてくださって、ほんとにありがとうございます。私よりも、もっともっと立派な先輩《せんぱい》がいっぱいいらっしゃるので、(今日の霊言《れいげん》は)「順序を間違《まちが》えたのではないか」と、ちょっと心配してはいるんですけども。一つの、「禅《ぜん》の一喝《いっかつ》」を受けたと思って、自分の足りざるところを勉強していきたいなあと思っています。

「このままの自分ではいけない」と感じていますので。今は、ちょっとね、まあ、先ほど言いましたように、猫《ねこ》みたいに、気まぐれに、主人の言ったとおりにしないで、気まぐれなことをするような自分を表現して、その自由の幅《はば》のところで生きているところなんですが、だんだん、それが許されなくなってきつつはあるので。

もう一段、強い自分になって、できれば、「この作品が観《み》たくて、小松菜奈もついでに観た」っていうんじゃなくて、「小松菜奈の演技が観たくて、この作品を観に来てしまった」って言われるようになりたいなあと思ってます。

「ぜひ、蒼井優《あおいゆう》さんの守護霊霊言《れいげん》もやってください」

小松菜奈守護霊　おたく様の活動全体については、十分には分からないので、生意気《なまいき》なことを申し上げることはできませんが、この芸能界にも、真理の光を当てようとされているということに対しては、すごく理解できるところもありますので。勉強させてください。

ぜひ、蒼井優《あおいゆう》さんなんかの霊言もやってください。ほかの、私が学べるような先輩がたのも、もうちょっと勉強したいので、そういうのもやってくだされば、ありがたいかなあと思っています（注。その後、二〇一七年八月二十二日に、「蒼井優の守護霊霊言」が収録された）。

なお、身長がちょっと高すぎて、実物は、そんなにかわいくありませんので。映像を通して観ている私を私だと思うと、がっかりされることがあると思います。撮《と》り方とか、着る物とか、演技とかで頑張《がんば》っているものですから。実寸大の私自身は、ちょっと成長しすぎた、どこにでもいる女の子です。なので、あんまり、「霊的なもの」や「悟《さと》り」のようなものを、私に求めて、期待外れにならないようにお願いしたいかなと。まあ、普通《ふつう》の、どこにでもいる、女子高生から上がったばかりの女の子です。

だから、大きな使命があるとは思わないですけど、なるべく、みなさまがたの満足のいけるようなお仕事を続けていきたいなあとは思っています。

悟りが未熟で、ほんとに、すいません。みなさまがたのご活躍《かつやく》を、ほんとに期待しております。

真ん中の方（駒沢）に、ちょっと悪いこと、〝呪《のろ》いの言葉〟をかけて……。これについては、半分冗談《じょうだん》だと思ってください。「半分冗談で、半分本当だ」ということ、あ、いやいや！（笑）（会場笑）半分は真実なんだけど、半分は〝冗談〟と〝嫉妬《しっと》〟が入っているんだと理解していただければありがたいかと思っています（笑）。

竹内　本日はありがとうございました。

小松菜奈守護霊　はい。どうも。

駒沢　ありがとうございました。

10 「表」と「裏」の顔を持っている小松菜奈の霊的《れいてき》な姿

大川隆法　（手を二回叩《たた》く）確かに、「ミステリアス女優」と言われるだけあって、ちょっと普通《ふつう》でないところはあったような気がします。

竹内　はい。二つの世界に軸足《じくあし》があるのが、あの不思議さのもとなのかなと思います。

大川隆法　霊的《れいてき》な部分はありますね。

言っていること自体は、「だいたいベガ系の人である」という感じがしま

●ベガ　琴座《ことざ》にある一等星。ベガ星系に住む宇宙人は、相手に合わせて外見を自由に変えることができ、性別は男性、女性、中性が存在する。「高度な科学技術」と「ヒーリングパワー」を持つ。『ザ・コンタクト』（幸福の科学出版刊）等参照。

した。〝鏡〟によって映る姿が変わっていくような気がします。「相手の期待する姿に変わろうとしていく感じ」を受けました。

竹内　そうですね。

大川隆法　（魂《たましい》の）ルーツは宇宙人ですよ、これはどう見ても。ベガ系の、変化していく方のように思いますが、やはり、「霊的なもののほうが本体」と思っている感じはあります。普通の、一般《いっぱん》次元の人と比べれば、ある程度の霊的感覚というか、覚醒《かくせい》は持っているのではないでしょうか。そういう意味では、可能性はある方なのかなとは思います。

ただ、この人には、もう一つの〝怖《こわ》い面〟がまだあるかもしれません。それは、今日は出なかったかもしれないけど、もしかしたら、怖い面を何か持っていらっしゃるかもしれないですね。

「裏返したら、別のほうのお面の顔は全然違《ちが》う」という感じでしょうか。「表は菩薩《ぼさつ》、観音《かんのん》様の顔で、裏を見たら夜叉《やしゃ》の顔」というような方なのかもしれないので、「これで全部を見切った」と思ってはいけないのではないかとは思います。

竹内　はい。

大川隆法　まあ、三木《みき》（孝浩《たかひろ》）監督《かんとく》に、二回目の映画にも誘《さそ》われるようですので、おそらく、ご成長されると思いますが、いずれ、女優として定義されることになるでしょう。定義されないように、一生懸命《いっしょうけんめい》、いろいろな役をやろうとしているけれども、〝カメレオン女優〟が、その姿を確定される日も来るのではないかと思います。

心情的には、多少なりともプラスになればいいなと、今日の霊言《れいげん》を通して感じました。

竹内　ありがとうございました。

大川隆法　はい。どうも、ありがとうございました。

あとがき

映画の持つ機能の一つは、非現実の世界を現実だと思わせ、観客に、異次《いじ》元《げん》の人生体験をさせることだろう。それは、日常生活からの遊離感《ゆうりかん》を与え、麻薬や酒に頼らなくても、厳しい現実世界に生きる人々に、安らぎや逃避感《とうひかん》、リフレッシュメントを与えることを可能にするだろう。

小松菜奈という、実に非現実な存在が、あなたの日常生活に紛《まぎ》れ込《こ》む時、あなた自身も異世界《いせかい》の住人となる。そしてこの世界こそ仮想現実《かそうげんじつ》なのだと悟ることになる。

表現力の持つ「カメレオン性」について、もっともっと学べば、あなたの未来も変化に富むものになるかもしれない。

二〇一七年　八月二十二日

幸福《こうふく》の科学《かがく》グループ創始者兼総裁《そうししゃけんそうさい》

ニュースター・プロダクション（株）会長《かいちょう》 兼《けん》

アリ・プロダクション（株）会長《かいちょう》　大川隆法《おおかわりゅうほう》

『ミステリアス女優・小松菜奈の「カメレオン性」を探る』大川隆法著作関連書籍

『俳優・佐藤健の守護霊メッセージ「人生は戦いだ」』（幸福の科学出版刊）
『孤独な天才俳優か!? 神木隆之介の守護霊インタビュー』（同右）
『青春への扉を開けよ 三木孝浩監督の青春魔術に迫る』（同右）
『映画「沈黙―サイレンス―」にみる「信仰と踏み絵」』（同右）
『「日本超古代史」探究 〝月読命〟とは何者か』（同右）
『女優・清水富美加の可能性』（同右）

ミステリアス女優《じょゆう》・小松菜奈《こまつなな》の「カメレオン性《せい》」を探《さぐ》る

2017年9月5日　初版第1刷

著　者　　大《おお》　川《かわ》　隆《りゅう》　法《ほう》

発行所　　幸福の科学出版株式会社

〒107-0052 東京都港区赤坂2丁目10番14号
TEL(03)5573-7700
http://www.irhpress.co.jp/

印刷・製本　株式会社 研文社

ISBN978-4-86395-935-4 C0074

写真：Best Image/アフロ／OMphoto/PIXTA／ROGER_VIOLLET
Shutterstock/アフロ／時事通信フォト／時事

大川隆法 霊言シリーズ・美と人気の秘密を探る

女優・清水富美加の可能性
守護霊インタビュー

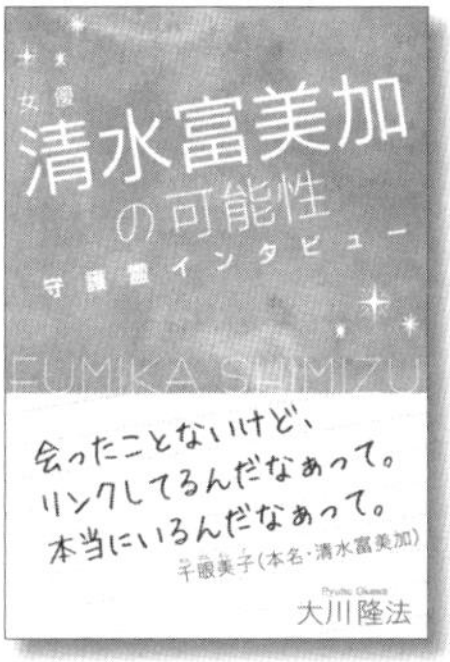

「共演したい女優No.1」と言われ、女優として注目を集める清水富美加――。その"愛されキャラ"の奥にある、知られざる素顔と魂の秘密に迫る。

1,400円

広瀬すずの守護霊☆霊言

守護霊から見た「広瀬すずの現在《いま》」、若くして成功する秘訣、そしてスピリチュアルな秘密まで、"10代最強" のアカデミー賞女優の素顔に迫る。

1,400円

守護霊インタビュー
ナタリー・ポートマン
& キーラ・ナイトレイ
―世界を魅了する「美」の秘密―

英語霊言
日本語訳付き

世界を魅了する二人のハリウッド女優が、もっとも大切にしている信念、そして使命感とは？ 彼女たちの「美しさ」と「輝き」の秘密に迫る。

1,400円

大川隆法霊言シリーズ・人気俳優の本心

俳優・佐藤健の守護霊メッセージ「人生は戦いだ」

演技に命を懸ける——。映画「るろうに剣心」をはじめ、快進撃を続ける人気俳優の「硬派な美学」と「サムライ魂」。そして、その衝撃の過去世に迫る。

1,400円

孤独な天才俳優か!? 神木隆之介の守護霊インタビュー

厳しい芸能界で成功するための秘訣から、大病、人生観、そして魂の秘密などを語る。映画にドラマに声優に活躍する若手人気俳優の「神秘的な魅力」に迫る。

1,400円

俳優・星野源 守護霊メッセージ「君は、35歳童貞男を演じられるか。」

ドラマ「逃げ恥」で人気急上昇!
非イケメンの意外なモテ術とは。俳優、ミュージシャン、文筆家とマルチに活躍する才能をスピリチュアル分析。

1,400円

※表示価格は本体価格(税別)です。

大川隆法霊言シリーズ・映画監督の霊言

青春への扉を開けよ
三木孝浩監督の青春魔術に迫る

映画「くちびるに歌を」「僕等がいた」など、三木監督が青春映画で描く「永遠なるものの影」とは何か。世代を超えた感動の秘密が明らかに。

1,400円

映画「沈黙―サイレンス―」にみる「信仰と踏み絵」
スコセッシ監督守護霊とのスピリチュアル対話

命が助かるなら、踏み絵を踏むべきか？ 遠藤周作の小説をもとに、ハリウッドの巨匠が描いた「神への不信」と「日本への偏見」。その問題点を検証する。

1,400円

映画監督の成功術
大友啓史監督のクリエイティブの秘密に迫る

クリエイティブな人は「大胆」で「細心」？ 映画「るろうに剣心」「プラチナデータ」など、ヒット作を次々生み出す気鋭の監督がその成功法則を語る。

1,400円

大川隆法霊言シリーズ・プロの演技論に迫る

女優・宮沢りえの守護霊メッセージ 神秘・美・演技の世界を語る

神秘的な美をたたえる女優・宮沢りえ――。その「オーラの秘密」から「仕事論」まで、一流であり続けるための人生訓がちりばめられた一冊。

1,400円

俳優・香川照之のプロの演技論 スピリチュアル・インタビュー

多彩な役を演じ分ける実力派俳優に「演技の本質」を訊く。「香川ワールド」と歌舞伎の意外な関係など、誰もが知りたい「プロの流儀」に迫る。

1,400円

南原宏治の「演技論」講義

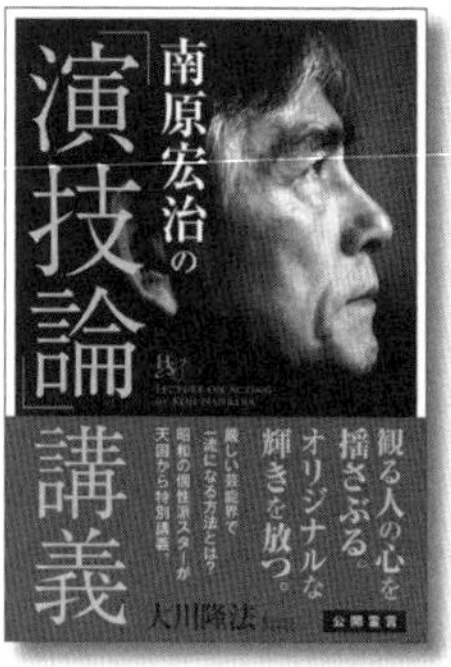

天使も悪役も演じられなければ、本物になれない――。昭和を代表する名優・南原宏治氏が、「観る人の心を揺さぶる演技」の極意を伝授！

1,400 円

※表示価格は本体価格（税別）です。

大川隆法ベストセラーズ・美の世界を探究する

美の伝道師の使命

美的センスを磨く秘訣

美には「素材の美」「様式美」以外に、「表現美」がある――。一流の人間が醸し出す美、心と美の関係など、美的センスを高める秘訣を公開！

1,400円

ファッション・センスの磨き方

人生を10倍輝かせるために

あなたの価値を高める「一流のファッション作法」とは？ おしゃれを通して"新しい自分"をクリエイトするきっかけを与えてくれる一冊。

1,500円

美とは何か
―小野小町の霊言―

人気女優・北川景子の過去世であり、世界三大美女に数えられる平安の歌人・小野小町が語る、世界に誇るべき「日本の美」「言霊の神秘」とは。

1,400円

幸福の科学出版

Welcome to Happy Science!
幸福の科学グループ紹介

「一人ひとりを幸福にし、世界を明るく照らしたい」──。その理想を目指し、
幸福の科学グループは宗教を根本《こんぽん》にしながら、幅広い分野で活動を続けています。

宗教活動

幸福の科学【happy-science.jp】

- 支部活動【map.happy-science.jp（支部・精舎へのアクセス）】
- 精舎（研修施設）での研修・祈願【shoja-irh.jp】
- 学生局【03-5457-1773】
- 青年局【03-3535-3310】
- 百歳まで生きる会（シニア層対象）
- シニア・プラン21（生涯現役人生の実現）【03-6384-0778】
- 幸福結婚相談所【happy-science.jp/activity/group/happy-wedding】
- 来世幸福園（霊園）【raise-nasu.kofuku-no-kagaku.or.jp】

来世幸福セレモニー株式会社【03-6311-7286】

株式会社 Earth Innovation【earth-innovation.net】

2016年、幸福の科学は
立宗30周年を迎えました。

社会貢献

ヘレンの会（障害者の活動支援）【helen-hs.net】
自殺防止活動【withyou-hs.net】
支援活動
- 一般財団法人
「いじめから子供を守ろうネットワーク」【03-5719-2170】
- 犯罪更生者支援

国際事業

Happy Science 海外法人
【happy-science.org（英語版）】【hans.happy-science.org（中国語簡体字版）】

教育事業

学校法人 幸福の科学学園

- 中学校・高等学校（那須本校）【happy-science.ac.jp】
- 関西中学校・高等学校（関西校）【kansai.happy-science.ac.jp】

宗教教育機関

- 仏法真理塾「サクセスNo.1」（信仰教育と学業修行）【03-5750-0747】
- エンゼルプランV（未就学児信仰教育）【03-5750-0757】
- ネバー・マインド（不登校児支援）【hs-nevermind.org】
  - ユー・アー・エンゼル！運動（障害児支援）【you-are-angel.org】

高等宗教研究機関

- ハッピー・サイエンス・ユニバーシティ（HSU）
【happy-science.university】

政治活動

幸福実現党【hr-party.jp】
- <機関紙>「幸福実現NEWS」
- <出版> 書籍・DVDなどの発刊
- 若者向け政治サイト【truthyouth.jp】

HS 政経塾【hs-seikei.happy-science.jp】

出版事業

幸福の科学の内部向け経典の発刊

幸福の科学の月刊小冊子【info.happy-science.jp/magazine】

幸福の科学出版株式会社【irhpress.co.jp】
- 書籍・CD・DVD・BD などの発刊
- <映画>「UFO 学園の秘密」【ufo-academy.com】ほか８作
- <オピニオン誌>「ザ・リバティ」【the-liberty.com】
- <女性誌>「アー・ユー・ハッピー?」【are-you-happy.com】
- <書店> ブックスフューチャー【booksfuture.com】
- <広告代理店> 株式会社メディア・フューチャー

メディア関連事業

メディア文化事業
- <ネット番組>「THE FACT」【youtube.com/user/theFACTtvChannel】
- <ラジオ>「天使のモーニングコール」【tenshi-call.com】

スター養成部（芸能人材の育成）【03-5793-1773】

ニュースター・プロダクション株式会社【newstarpro.co.jp】

ARI Production 株式会社【aripro.co.jp】

入会のご案内

幸福の科学では、大川隆法総裁が説く仏法真理《ぶっぽうしんり》をもとに、「どうすれば幸福になれるのか、また、他の人を幸福にできるのか」を学び、実践しています。

入会

仏法真理を学んでみたい方へ

大川隆法総裁の教えを信じ、学ぼうとする方なら、どなたでも入会できます。入会された方には、『入会版「正心法語」』が授与されます。

三帰《さんき》誓願《せいがん》

信仰をさらに深めたい方へ

仏弟子としてさらに信仰を深めたい方は、仏《ぶっ》・法《ぽう》・僧《そう》の三宝《さんぼう》への帰依を誓う「三帰誓願式」を受けることができます。三帰誓願者には、『仏説・正心法《しょうしんほう》語《ご》』『祈願文《きがんもん》①』『祈願文②』『エル・カンターレへの祈り』が授与されます。

幸福の科学 サービスセンター
TEL 03-5793-1727（受付時間／火～金:10～20時 土・日祝:10～18時）

幸福の科学 公式サイト
happy-science.jp

幸福実現党

内憂外患《ないゆうがいかん》の国難に立ち向かうべく、2009年5月に幸福実現党を立党しました。創立者である大川隆法党総裁の精神的指導のもと、宗教だけでは解決できない問題に取り組み、幸福を具体化するための力になっています。

幸福実現 NEWS
幸福実現党 記者会見
政治に国民の信頼を取り戻すために

党の機関紙「幸福実現NEWS」

幸福実現党 釈量子サイト
shaku-ryoko.net

Twitter
釈量子@shakuryokoで検索

若者向け政治サイト「TRUTH YOUTH」

若者目線で政治を考えるサイト。現役大学生を中心にしたライターが、雇用問題や消費税率の引き上げ、マイナンバー制度などの身近なテーマから、政治についてオピニオンを発信します。

truthyouth.jp

幸福実現党 党員募集中

あなたも幸福を実現する政治に参画しませんか。

○幸福実現党の理念と綱領、政策に賛同する18歳以上の方なら、どなたでも参加いただけます。

○党費：正党員（年額5千円［学生 年額2千円］）、特別党員（年額10万円以上）、家族党員（年額2千円）

○党員資格は党費を入金された日から1年間です。

○正党員、特別党員の皆様には機関紙「幸福実現NEWS（党員版）」が送付されます。

＊申込書は、下記、幸福実現党公式サイトでダウンロードできます。

住所 **〒107-0052**
東京都港区赤坂2-10-8 6階
幸福実現党本部

TEL **03-6441-0754**
FAX **03-6441-0764**
公式サイト **hr-party.jp**

大川隆法　講演会のご案内

大川隆法総裁の講演会が全国各地で開催されています。
講演のなかでは、毎回、「世界教師」としての立場から、幸福な人生を生きるための心の教えをはじめ、世界各地で起きている宗教対立、紛争、国際政治や経済といった時事問題に対する指針など、日本と世界がさらなる繁栄の未来を実現するための道筋が示されています。

8月2日 東京ドーム「人類の選択」

5月14日 ロームシアター京都
「永遠なるものを求めて」

4月23日 高知県立県民体育館「人生を深く生きる」

2月11日 大分別府ビーコンプラザ・コンベンションホール
「信じる力」

1月9日 パシフィコ横浜「未来への扉」

講演会には、どなたでもご参加いただけます。
最新の講演会の開催情報はこちらへ。 ⟹

大川隆法総裁公式サイト
https://ryuho-okawa.org